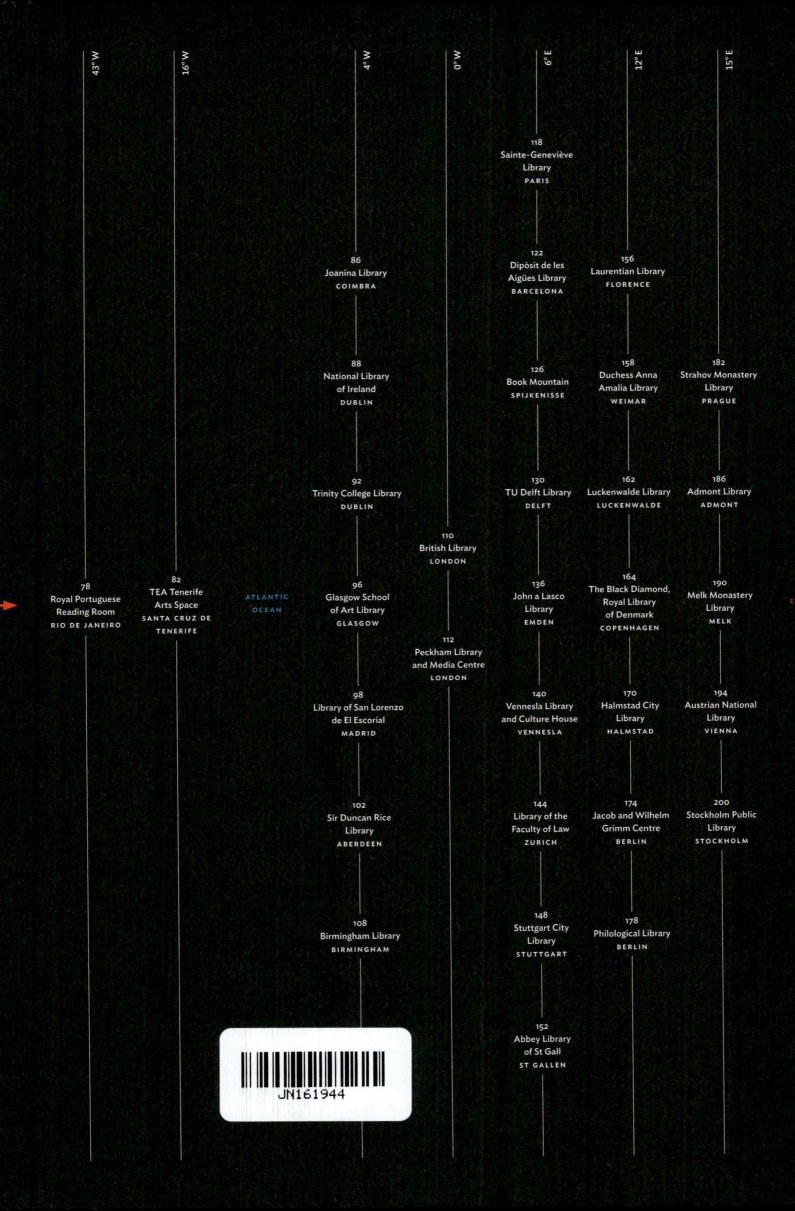

序文

ビャーネ・ハマー
シュミット・ハマー・ラッセン設計集団

1986年にモルテン・シュミットとビャーネ・ハマー、そしてジョン・F・ラッセンの3名によりオーフスで設立されたシュミット・ハマー・ラッセンアーキテクツは、その活動によりデンマークや北欧を越えて世界中に知られる建築設計事務所です。

2016年現在、オーフス、コペンハーゲン、ロンドン、上海にその事務所を構え、スタッフ総勢150名と数多くの権威ある建築賞を獲得し、国際的なデザイン企業となっています。

景観になじませながらも印象的なデザインにより街のランドマークとなる図書館のデザインでは定評があり、これまでカチュアク文化センター（ヌーク／グリーンランド、1997年）、デンマーク王立図書館（コペンハーゲン、1999年）、アロス美術館（オーフス／デンマーク、2004年）、ハリファックス中央図書館（カナダ、2015年）、クライストチャーチ中央図書館（ニュージーランド、2016年）など数多くの図書館の設計を行ってきました。

文学作品や映画表現で描かれる図書館とは多くは象徴的な存在です。

多くの場合、神秘的で謎めいた場所であったり、あるいは主人公が物語の展開の答えや知恵を探し求める、薄暗く静かな場所として描かれています。

そうした劇中の図書館の姿を、読者や観客は自身が慣れ親しむ図書館にイメージを重ねて読み解き、物語を解釈するのです。

もちろんこうした架空の図書館のイメージは、観客自身が経験している実在の図書館の真の姿とは違います。しかしながら、それらが厳然として、そこに漂う空気感をいかにして創出しているのかは実に興味深い点だといえるでしょう。

21世紀ガイド図鑑
世界の図書館
LIBRARIES

ほるぷ出版

ROADS Publishing
149 Lower Baggot Street
Dublin 2
Ireland

www.roads.co

First published 2014

Libraries
ROADS Reflections
Text copyright © ROADS Publishing
Design and layout copyright © ROADS Publishing
Image copyright © the copyright holders; see p. 191
Designed in Ireland by WorkGroup

Printed in Malta

All rights reserved. No part of this production may
be reprinted or reproduced or utilised in any form,
or by any electronic, mechanical or other means, now
known or hereafter invented, including photocopying
and recording, or in any information storage or retrieval
system, without the written consent of the Publisher.

This book is sold subject to the condition that it shall not,
by way of trade or otherwise, be circulated in any form
of binding or cover other than that in which it is published.

Upper front-cover image:
LiYuan Library, Li Xiaodong Atelier
Lower front-cover image:
Long Room, Trinity College Dublin, Mark Colliton
Back cover image:
Long Room, Trinity College Dublin, Ingram Publishing/
Getty Images

刊行のごあいさつ

　本書はアイルランドの出版社ローズ・パブリッシング社と弊社とのコープロダクション(国際協力出版)により、日本語・英語・スペイン語・フランス語の四カ国語による併記により出版されました。

　ローズ社による原書はリフレクションシリーズとして「図書館」「議事堂」「博物館」「美術館」「庭園」などの公共建築と空間を世界中から集めた写真集ですが、弊社では本書に紹介された公共施設がすべて現存しており、現在も実際に見に行けることに注目し、シリーズ名を「21世紀ガイド図鑑」としました。

　日本版の第1巻となる『世界の図書館』では、25ヶ国の47館の図書館を紹介し、第2巻となる『世界の議事堂』では、39ヶ国から45棟の議事堂や政府庁舎、官邸を紹介しています。原題の「ガバメント」は政府機関や政府庁舎を意味しますが、邦題ではそれらの象徴として「議事堂」としました。

　日本版の『世界の図書館』には、国立国会図書館、八王子図書館、京都国際マンガミュージアム、明治大学米沢嘉博記念図書館を紹介し、『世界の議事堂』には国会議事堂、東京都庁を紹介しています。

　世界の公共建築の歴史と成り立ちを知り、その設計に反映された機能面や運用思想そして象徴性について、さまざまな違いを学んでいただければ幸いです。

　本書の刊行に際して格段の御協力をいただいたアイルランドのローズ・パブリッシング社および国際担当部門、監修者のみなさんに感謝の辞を捧げます。

ほるぷ出版 編集部 丸田剛司

進化

　図書館とはエジプト、ギリシャ、ペルシャ、ローマの歴史をもさかのぼって、数千年前の古代から存在してきた施設です。

　人類最古の図書館は主として情報の貯蔵を目的とする記録保管庫でした。

　その時代、多くの人々は文字の読み書きができず、そこに保管された知識は上流階層のための領域でした。

　しかしながら15世紀にグーテンベルクが活版印刷術を発明したことで、書物や文献、そして学問は大衆が利用できるものとなったのです。これは今日の「情報化社会」の驚異的な速度の進化まで休まず発展し続けて来た画期的な文化運動でした。

　過去の図書館は一般大衆にとっては排他的で特権階級を対象としましたが、現代の図書館は開放的で、全ての社会階級や性別、年代層を受け入れたものとなっています。

　そして未来の図書館とは、より一層の障害を打破する必要があると言われています。

　これは、旧弊化した社会慣習の改革に挑み、未来を見すえた設計を行なう建築家たちにとって実に興味深い課題なのです。

　図書館の機能が広範に展開するにつれ、建築もまた同じ道をたどってきました。

　私は図書館建築が、建築類型学の持つ社会的、教育的、文化的に限りない将来性をもった比類なき特質と、今日および未来の社会における卓越した重要性を象徴するまでに発展してきたと信じているのです。

現代の図書館

　なぜ人々は図書館へと足を運ぶのでしょうか？

　多くのひとが、どこでも、いつでも自由に情報を利用することが可能となった現代において図書館は何を提供することができるのでしょうか？

　図書館とは公共的かつ社会的な場で、美術館と並び私たちが利用可能な市民のための数少ない無償の空間の1つです。そこで得られる知識とは異なる種類のメディアもおおむね無料で利用する機会を得ながら、手軽に入手することができるのです。

　未来の図書館は、個人や共同体の漠然とした知的関心の充足とともに、より具体的な要求を満足させなければいけません。利用者は図書館に多種多様な動機を持って訪れるのです。

　それは人間同士の交流から生まれる社会性に由来するものです。

　加えて利用者は自らの知識から新たな情報を見つけたり、時事の流れを把握したりすることで自己啓発を進めます。学術の研究をする人もいれば、勉強会や読書会で集まる人もいます。

　多くの人は「文化資本」を手に入れ、次には街の文化遺産など歴史的な意義のある場所を訪れるのです。こうして知識や空間を大衆に提供することで、図書館は共同体意識の集積地となります。

　現代の図書館における必須機能の1つは、私たちが生きる世界を解釈したり理解するのに役立つメディアに接する方法を与えることなのです。

　民主主義の精神を代表し、それを行動に移すために公的かつ社会的に利用できる「知恵の停留場」としての図書館という考え方がとても重要なのです。

サードプレイスとしての図書館

　図書館は社会の中心地にあり都市の集会所としての機能により、地域社会において重要な役割を果たしています。従って図書館を設計する際には、建築家は空間の構築を通して、人々が交流するための新たな方法に重点をおいた場の創作を行うという得がたい機会を得ているのです。

　これは「サードプレイス」理論により、図書館が社会的な中心であるという考えを説明することができます。この概念は1989年に都市社会学者のレイ・オルデンバーグ氏により「人々の住居や職場ではない場」について分析した彼の著作『The Great Good Place』の中で提唱されました。

　学問的な観点から見れば、その概念は地域社会や近隣との交流の中での交友関係の形成や、さまざまな話題を議論したり、情報交換をしたりするために人々が集まる日常の場について言及しています。

　サードプレイスはひとにとって誇りの源となるであろう帰属意識や連帯感を育み、もっぱら人的交流のための空間を創出することに価値を見出しています。その上、一日の長い労働の後の気分転換の空間を作ることで、人々は孤立感から遠ざかると同時に社交性を促進するということを、オルデンバーグ氏は指摘しています。

　このようにサードプレイスは仕事や家庭生活から発生する職務や責任から開放された中立的な領域であり、公的領域と私的領域の間にある場となります。

　きわめて肯定的な例として、図書館は家庭と職場の中間に存在し、オープンでカジュアルな空間を提供しているのです。開放性、アクセス性、包含性を表現する図書館建築は、明確および不明確なニーズを満たす空間として、とても興味深い手法でサードプレイス理論の発想と直結しています。

　図書館とは、一方で本来の機能やサービスのための固有の施設であり、もう一方ではリラックスや交流のための空間です。こうして、格式とカジュアルという2つの活動のための空間を提供しているのです。

現代の図書館の設計

　デジタル化による変革が進む今日の社会では、関連する知識をスピーディに利用できることが求められています。そのため未来の図書館では保有する知識への24時間のアクセスが可能であってほしいという利用者の期待に応じてゆくことになるでしょう。

　対抗するインターネットなどの新たなメディアは、利用者の期待やライフスタイルを変え得る柔軟な選択肢の幅を生み出すことで、紙に印刷された図書の存立へ対抗しています。

　しかしながら図書館は、その存在が不要になるのではないかという懸念に反して、自由度が高く利用しやすい新たな学習空間の必要性が増すにつれて、自らの役割や影響力を拡大していく傾向にあります。

　図書館は館内環境の機能性や快適性の提供により、それを支持してくれる人々の役に立っていますが、同時に独自の建築的アイデンティティを目指さなければなりません。図書館の設計段階では、あらゆる観点から考慮がされるべきなのです。

　利用しやすく、網羅的かつ開放的に見える図書館建築の設計を私たちが望むのならば、この目標を達成する最善の方法は設計過程そのものを対外的にもオープンにし、新しいアイディアへも順応するように務めることです。

　その一例としては設計段階から利用者の意見を取り入れることも考えられます。

　建築前の段階で、やがて施設の利用者となる人々との対話や意思疎通は困難なものですが、それは建築家にとって大きな価値があり、進歩へと繋がる手段でもあります。

　利用者主導での設計革新のためには一般参加型プロセスは初期段階から一体化することで多大な利益となるのです。司書、生徒、訪問者、周辺の一般的な地域社会は、実りあるアイディアや情報、とりわけ具体的な知識の一因となり得ます。その上、このプロセスは重要な責任感や当事者意識を、彼らの中に創出するのです。

　利用者の観点は、図書館運営作業の過程や機能や連携、訪問者の行動パターン、サービスに対する期待、情報要求へのすぐれた考察をもたらします。それらは建築後の利用者や職員の要求、および優先事項の概要を示唆しているのです。

　利用者は敷地、配置、内装といった具体的な問題と関わることや、設計チームに対してできる限りの関連情報を提供することを申し出てもよいのです。こうした設計過程での利用者の関与は、当事者意識や社会全般との結びつきの刺激および発展となるだけでなく、図書館建築が完成した際には施設や都市、周辺の地域社会に対して目に見える価値を明確に表現することにもなるのです。

センス・オブ・プレイス

　私たちの多くは図書館に行った経験があり、施設や場としての図書館について、それぞれが独自の意見を持っています。場としての図書館は周囲の音や静けさ、本の香り、光の加減、時が経つのを忘れる感触といった、私たちの感覚がもたらす異なる印象と結びついているのです。

　図書館は象徴的なまでに由緒と伝統を感じさせますが、あなたが住む町、学んでいる学校、そして職場へ向かう途中に通り過ぎる建物群の中にあって、誰もが知る場、開かれた施設でもあるのです。

　私は、図書館が持つこの特徴的な雰囲気を「センス・オブ・プレイス」と呼びたいと思います。

　場が社会によって強い意味ないしは定義を与えられた際、それらは強いセンス・オブ・プレイスを持つと言われています。現代的で多機能な図書館を設計することは、知への愛着と帰属意識を育む場という利用者の明確なニーズ、あるいは時としてあいまいなニーズの喚起に結びつく、強い独自性と特徴を持った唯一無二の場を創出することなのです。

　建築とはセンス・オブ・プレイスの経験と密なつながりがあり、また次第に変化をしていくもので、現代および将来の社会では、施設としての図書館は紛れもなく秀逸かつ重要な役割を演じていくでしょう。

　図書館は思考の没入やひらめきのための安息の地であるのと同様に、学びや分かち合い、交流のための比類なき空間であり続けるはずです。

　そのような場が全く必要とされなくなる時代など、私には想像することができないのです。

Introduction

The library as literary or filmic scenography is iconic. It is often portrayed as a place of mystique and secrecy, as a dim and quiet location, where the protagonist searches for answers and for wisdom. The spectator decodes and recognizes the constructed representation of the library as a place to which he or she can relate. It is interesting how the fictional representation of the library often creates a strong sense of atmosphere – a strong sense of place – while it simultaneously differs from the spectator's self-experienced knowledge of the authentic library of today.

Evolution
The library as institution is ancient. Dating back thousands of years, through Egyptian, Greek, Persian and Roman history, the first libraries were primarily archives for storing information. As the majority of the population was illiterate during these eras, the knowledge stored was the preserve of the educated – the elite. However, when Gutenberg invented the printing press in the fifteenth century, books, literature, knowledge, became available to the masses. This was an epochal cultural movement that has evolved ever since – right up to the staggering speed of today's 'information society'.

Whereas the classical library was exclusive, and catered to the privileged classes, the modern library is inclusive and accommodates all social classes, genders and ages. Hence it is said that the library of the future will have to break down barriers further. This is an interesting task for the architect – to design a building that defies conventions and looks to the future.

As the function of the library has developed extensively, so too has the architecture. I believe that library architecture has evolved to represent a building typology of unique character, with huge social, educational, and cultural potential, and of great importance to the society of today and tomorrow.

The Modern Library
Why do people visit libraries in the first place? And what can the library o!er nowadays, when information is accessible to almost everyone, anywhere, at any time?

The library is a public and social space, which, alongside museums, is one of the few existing non-commercial civic spaces available to us. At the library, knowledge is readily available to visitors who get the chance to use different sorts of media, more or less free. At the library, we can avail of materials and services, and this should be considered an unconditional privilege.

The library of the future has to meet the individual user's specific needs, as well as the opposing needs for immersion and community. Users have a long list of diverse motivations for visiting the library; for example, the social dimension that lies in being surrounded by people. Moreover, users come to enlighten themselves with knowledge, to find information, to keep track of the flow of news; some do academic research, others get together with their study group or book club. A substantial proportion of users come to be seen in the city's cultural hot spot, to gain, and contribute to, so-called 'cultural capital'.

As libraries make knowledge and space available for the masses, they become the epitome of community spirit. One essential function of the modern library is to give access to media that will help people interpret and understand the world in which we live. For this reason, it is important to maintain the idea of the library as a place that represents democratic values, while offering a publicly available and social platform on which to act.

Avant-propos

Littérature et cinéma ont souvent représenté la bibliothèque comme un lieu hautement symbolique du mystère et du secret où, plongé dans la pénombre et le silence, on y cherche des réponses, en quête du savoir ultime. L'archétype même de la bibliothèque évoque, par son interprétation, un lieu reconnaissable entre tous auquel quiconque peut se rattacher. Il est d'ailleurs intéressant de constater à quel point l'idée que l'on se représente de ce lieu exprime souvent une forte impression, une atmosphère typique, pourtant différente de l'expérience que procurent les bibliothèques modernes, bien réelles celles-ci.

Evolution
La bibliothèque en tant qu'institution trouve son origine dans l'antiquité. Vieilles de plusieurs millénaires, au temps des Egyptiens, des Grecs, des Perses et des Romains, les premières bibliothèques servaient alors d'archives permettant de conserver une trace écrite de l'information. La plupart de ces peuples ne sachant ni lire ni écrire, les connaissances ainsi accumulées étaient l'apanage des classes instruites, de l'élite. L'imprimerie, invention géniale de Gutenberg au quinzième siècle, a toutefois permis de vulgariser les œuvres, la littérature, et bien d'autres savoirs. Ce formidable tournant culturel, pour l'époque, a depuis cédé la place à notre « société de l'Information » et son culte de l'instantané.

Alors que la bibliothèque antique était réservée aux privilégiés, la bibliothèque moderne est ouverte à tous et accueille toutes les catégories sociales, genre et âge confondus. D'où l'affirmation que la bibliothèque de demain n'aura pas d'autres choix que d'éliminer les dernier obstacles à la connaissance. Quoi de plus exaltant pour un architecte que le défi d'imaginer un lieu à l'encontre de toute convention, tourné vers l'avenir ?

Si la bibliothèque voit sa fonction prendre une ampleur significative, il en va de même pour l'architecture. Le style architectural des bibliothèques s'est lui-même transformé pour adopter une typologie de construction singulière dont le rôle social, éducatif et culturel revêt une importance capitale pour les sociétés d'aujourd'hui et de demain.

La bibliothèque moderne
Pour quelle raison, essentielle, se rend-on à la bibliothèque ? Qu'a-t-elle à proposer en cette ère de l'information omniprésente à laquelle presque tout le monde a accès ?

Espace public et social, la bibliothèque, au même titre que le musée, est l'un des rares lieux citadins à vocation non commerciale qui s'offre à nous. La bibliothèque met à la disposition du visiteur, plus ou moins gracieusement, un véritable puits de connaissances pour peu qu'il sache manier différents supports. Pouvoir bénéficier des équipements et des services des bibliothèques est un privilège inconditionnel et doit continuer d'être considéré comme tel.

Si demain, la bibliothèque doit répondre aux attentes propres à chaque utilisateur, elle doit aussi satisfaire les besoins, pourtant contraires, d'immersion et d'appartenance communautaire. Les raisons qui poussent les visiteurs à se rendre à la bibliothèque sont aussi nombreuses que diverses, à l'instar par exemple, de la dimension sociale que revêt le fait d'être assis parmi d'autres personnes. Les utilisateurs y viennent par ailleurs pour se cultiver, se documenter ou se tenir informés ; certains y poursuivent leurs recherches universitaires, d'autres y retrouvent leur groupe de travail ou leur club de lecture. Un nombre important d'utilisateurs apprécient d'être vus dans ce qu'ils considèrent le carrefour culturel incontournable de la ville, pour profiter et apporter leur pierre à son fameux 'capital culturel'.

Prólogo

Como escenografía literaria o fílmica, la biblioteca constituye todo un símbolo. A menudo, se representa como un lugar místico y secreto, como un espacio difuminado y silencioso, donde el protagonista va en busca de respuestas y de sabiduría. El espectador descodifica y reconoce la representación construida de la biblioteca como un lugar con el que se puede identificar. Resulta interesante ver cómo la representación imaginaria de la biblioteca suele crear un poderoso sentido de ambiente –un poderoso sentido territorial– a la vez que difiere del conocimiento que experimenta el espectador de la auténtica biblioteca de hoy en día.

Evolución
La biblioteca como institución data de los tiempos antiguos. Las primeras bibliotecas, que se remontan a miles de años, a lo largo de toda la historia egipcia, griega, persa y romana, fueron originalmente archivos para almacenar información. Como la mayoría de la población era analfabeta en esas épocas, el conocimiento almacenado era patrimonio de las clases cultas: la élite. Sin embargo, cuando Gutenberg inventó la imprenta en el siglo XV, los libros, la literatura y el conocimiento se fueron generalizando de forma masiva. Fue un movimiento cultural que hizo época y ha seguido evolucionando desde entonces hasta alcanzar una velocidad de vértigo en la «sociedad de la información» actual.

Mientras que la biblioteca clásica era exclusiva y se dirigía a las clases privilegiadas, la biblioteca moderna es integradora y acoge a todas las clases sociales, sexos y edades. Por lo tanto, se dice que la biblioteca del futuro tendrá que seguir rompiendo barreras. Ésta es una tarea llena de interés para el arquitecto: diseñar un edificio que desafíe las convenciones y mire hacia el futuro.

Del mismo modo que la función de la biblioteca se ha desarrollado considerablemente, así lo ha hecho también la arquitectura. Creo que la arquitectura de la biblioteca ha evolucionado hasta representar una tipología de edificio de carácter único, con un inmenso potencial social, educativo y cultural, de gran importancia para la sociedad actual y futura.

La biblioteca moderna
¿Por qué frecuenta la gente las bibliotecas en primer lugar? ¿Y qué pueden ofrecer las bibliotecas hoy en día, cuando la información está al alcance prácticamente de todos, en cualquier parte y en todo momento?

La biblioteca constituye un espacio público y social que, junto con los museos, es uno de los pocos espacios cívicos no comerciales existentes a nuestra disposición. En la biblioteca, el conocimiento siempre está disponible para los visitantes que tienen la oportunidad de utilizar distintos tipos de soportes, más o menos gratuitos. En la biblioteca, sacamos partido de materiales y servicios, lo que hay que considerar como un privilegio absoluto.

La biblioteca del futuro debe satisfacer las necesidades específicas del usuario individual, así como las exigencias contrapuestas de inmersión y comunidad. Los usuarios tienen una larga lista de motivaciones diversas para ir a una biblioteca; por ejemplo, la dimensión social que se plasma en el hecho de estar rodeados de gente. Por otra parte, los usuarios vienen a instruirse con el conocimiento, buscar información, seguir el hilo de las noticias; algunos realizan investigaciones académicas, otros se reúnen con su grupo de estudios o su club de lectura. Una parte sustancial de usuarios vienen a que les vean en el punto cultural más atractivo de la ciudad, para sacar partido y contribuir al llamado «capital cultural».

The Library as the Third Place

Libraries play an important role in society because they function as social hubs and urban meeting places. Consequently, when designing libraries, the architect holds, through the organization of space, a unique opportunity to improve and create new ways for people to interact.

The theory of the 'Third Place' can explain why libraries are connected with this idea of social hubs. The concept was coined in 1989 by urban sociologist Ray Oldenburg, in his book The Great Good Place, in which a number of locations, outside of people's homes and workplaces, are analysed. From a theoretical perspective, the concept refers to informal places where people meet, in a community or neighbourhood, in order to build friendships, to discuss different subjects and to network. Third Places are valuable because they create space for human interaction, instilling the feeling of belonging and community, which can also be a source of pride. Moreover, Oldenburg finds that Third Places promote sociability while fighting isolation, because they make room for friendships and relaxation after a long day's work. In this way, Third Places become neutral ground – the intersection between the public and private spheres – where demands and obligations associated with work and family life are precluded. The library, as a positive example, offers an open and casual space between home and work.

Library architecture that expresses openness, accessibility and inclusiveness, connects to the ideas of the theory of the Third Place in interesting ways, as a space fulfilling defined and undefined needs. The library provides room for both formal and informal activities; on one hand, the specific physical environment attached to the library's functions and services, and, on the other, space for relaxing and interacting.

Designing the Modern Library

Today's digital and transformative society calls for access to relevant knowledge – fast. Therefore, the library of the future must meet users' expectations of twenty-four-hour access to knowledge. At the same time, the Internet and new media are challenging the position of the printed book, because they make for flexible alternatives, potentially changing users' expectations and behaviour. However, contrary to concerns that libraries might become redundant, their role and influence is likely to expand as the need for new adaptable and accessible learning spaces increases.

The library serves its patrons through the functionality and comfort of the interior environment – and yet it must aspire to an architectural identity of its own. Many aspects should be taken into consideration during the design phase of a library. If we are to aspire to design library architecture that will appear accessible, inclusive and open, the best way to achieve this is to ensure that the design process itself opens up and adapts to new ideas – for instance, by inviting usergroups to join in.

Dialogue and interaction with the future users of the building is a challenging but very valuable development tool for the architect – and the participatory process of user-driven design innovation can be integrated at the earliest stage to great advantage. The professional librarian, students, visitors, and surrounding community in general can contribute with rewarding ideas, input, and, most of all, specific knowledge. Moreover, this process creates an important sense of commitment and ownership.

User perspectives bring insight into work processes, work functions, work relations, visitor behaviour, service expectations, information requests – all of which outline the needs and priorities of

En rendant accessibles au grand public, connaissances et espaces, les bibliothèques incarnent la quintessence même de l'esprit de communauté. Une fonction essentielle de la bibliothèque moderne est de donner accès aux supports qui permettront aux visiteurs d'interpréter et de comprendre le monde dans lequel ils évoluent. Il est capital, pour cette raison, de conserver l'idée d'une bibliothèque garante des valeurs démocratiques, d'une plateforme grand public et interactive à dimension sociale.

La bibliothèque comme « tiers lieu »

Véritables lieux d'échanges sociaux et de rencontres urbaines, les bibliothèques jouent un rôle essentiel dans la société. L'architecte chargé de concevoir une bibliothèque se voit ainsi offrir l'incroyable opportunité, à travers l'organisation de différents espaces, d'améliorer les possibilités d'interactions sociales, voire d'en créer de nouvelles.

C'est à la lumière de la théorie du « tiers lieu » que la bibliothèque prend tout son sens de carrefour social. Ce concept a été inventé en 1989 par le sociologue urbain Ray Oldenburg qui propose, dans son ouvrage intitulé The Great Good Place, une analyse d'un certain nombre de lieux, en dehors de la maison et du travail. D'un point de vue théorique, les tiers lieux désignent des endroits informels où l'on peut se réunir, au sein d'une communauté ou d'un quartier, pour nouer des amitiés, évoquer divers sujets ou élargir son réseau de connaissances. Les tiers lieux sont précieux en ce sens qu'ils aménagent des espaces propices aux interactions sociales, et suscitent un sentiment d'appartenance et d'adhésion communautaire, source supplémentaire de fierté. Oldenburg rajoute par ailleurs que les tiers lieux encouragent la sociabilité en combattant l'isolement, en tant que cadres d'échanges et de détente après une longue journée de travail. A cet égard, les tiers lieux s'érigent, à la croisée des sphères publiques et privées, en véritables terrains neutres dont sont exclues toute exigence ou autre obligation liée au travail ou au cadre familial. La bibliothèque illustre à merveille ce type de lieu avec ses espaces ouverts et informels qui trouvent naturellement leur place entre la maison et le travail.

Les bibliothèques, par leur architecture ouverte, accessible et accueillante, font écho de manière fort intéressante à la théorie du tiers lieu, tant elles répondent à des attentes aussi précises qu'elles peuvent être indéfinies. La bibliothèque est en effet le foyer d'activités à la fois formelles et informelles ; elle intègre, d'une part, l'environnement physique propre à ses fonctions et ses services, et fournit, d'autre part, un lieu de détente et d'interaction.

Concevoir la bibliothèque moderne

À l'ère du numérique et de la mutation, nos sociétés imposent un accès rapide à la somme de toutes les connaissances disponibles. La bibliothèque de demain doit donc répondre aux attentes des usagers qui veulent tout savoir tout de suite. Dans le même temps, Internet et les nouvelles technologies menacent le statut du livre en offrant des alternatives flexibles, elles-mêmes susceptibles de modifier les besoins et les comportements. Pour autant, loin des craintes de voir les bibliothèques tomber en désuétude, leur rôle et leur influence risquent au contraire de s'élargir face au besoin croissant pour de nouveaux espaces d'apprentissage modulables et accessibles.

Si la bibliothèque répond à son public avec un cadre intérieur fonctionnel et confortable, elle doit dans le même temps aspirer à une identité architecturale qui lui soit propre. De nombreux aspects entrent en jeu dans la phase conceptuelle d'un tel lieu. Si l'objectif est de construire une bibliothèque qui donne le sentiment d'être réellement accessible,

Como las bibliotecas ponen el conocimiento y el espacio a disposición de las masas, se convierten en la quintaesencia del espíritu comunitario. Una función esencial de la biblioteca moderna en la actualidad es proporcionar acceso a los medios de comunicación que ayudan a las personas a interpretar y comprender el mundo en el que vivimos. Por este motivo, es importante mantener la idea de que la biblioteca es un lugar que representa valores democráticos, a la vez que ofrece una plataforma social y accesible al público en la que actuar.

La biblioteca como tercer lugar

Las bibliotecas desempeñan una importante función en la sociedad porque actúan como centros sociales y puntos de encuentro urbanos. En consecuencia, al diseñar una biblioteca, el arquitecto tiene, gracias a la organización del espacio, una oportunidad única de mejorar y crear nuevas formas de interacción entre las personas.

La teoría del «Tercer Lugar» puede servir de explicación sobre por qué las bibliotecas están relacionadas con esta idea de centros sociales. El concepto lo acuñó en 1989 el sociólogo urbano Ray Oldenburg, en su libro The Great Good Place; en él analiza cierto número de sitios, excluidas las casas y los lugares de trabajo. Desde un punto de vista teórico, el concepto hace referencia a lugares informales donde las personas se reúnen, en una comunidad o un barrio, para crear amistades, debatir sobre distintos temas e interrelacionarse. Los terceros lugares son valiosos porque crean un espacio para la interacción humana, inculcando un sentimiento de pertenencia y comunidad, lo que puede ser igualmente motivo de orgullo. Asimismo, Oldenburg cree que los terceros lugares promueven la sociabilidad, a la vez que luchan contra el aislamiento, porque dejan espacio para la amistad y la relajación después de un largo día de trabajo. De este modo, los terceros lugares se convierten en espacios neutrales –la intersección entre las esferas pública y privada– donde las exigencias y obligaciones asociadas a la vida laboral y familiar quedan excluidas. La biblioteca, como ejemplo positivo, ofrece un espacio abierto e informal entre la casa y el trabajo.

La arquitectura de la biblioteca, que expresa transparencia, accesibilidad e integración, conecta con las ideas de la teoría del Tercer Lugar de diversas maneras, como espacio que satisface necesidades definidas e indefinidas. La biblioteca proporciona espacio tanto para actividades formales como informales; por una parte, el entorno físico específico reservado a las funciones y servicios de la biblioteca y, por otra, un espacio para la relajación y la interacción.

Diseño de la biblioteca moderna

La sociedad digital y en constante evolución de hoy en día exige un rápido acceso al conocimiento requerido. Por lo tanto, la biblioteca del futuro debe cumplir las expectativas de los usuarios de tener acceso al conocimiento las 24 horas del día. Al mismo tiempo, Internet y los nuevos medios de comunicación plantean un desafío a la posición del libro impreso porque ofrecen alternativas flexibles, lo que puede modificar a su vez las expectativas y el comportamiento de los usuarios. Sin embargo, contrariamente a la idea de que las bibliotecas puedan volverse superfluas, es probable que su función e influencia se expandan al ir aumentando la necesidad de contar con nuevos espacios de aprendizaje adaptables y accesibles.

La biblioteca da servicio a su público a través de la funcionalidad y comodidad de su ambiente interior y debe aspirar además a presentar una identidad arquitectónica propia. Se deben tener en cuenta numerosos aspectos durante la fase

future users and staff. The user-groups can be asked to relate to specific issues – the site, geometry and interior – and provide the design team with as much relevant information as possible.

Not only will user involvement in the design process stimulate and develop ownership and affiliation in the public at large, but the library architecture, when completed, will also communicate recognisable values for the institution, the city and the surrounding community.

Sense of Place

Most of us have been to a library, and we all have our own opinion on the library as institution and as place. The library as place is associated with different impressions retained by our senses – acoustics, silence, the scent of books, illumination, losing track of time. The library is ancient, it is iconic, but it is also a known place, an open institution, situated in the town in which you live, at the school or university where you study, or in the building you pass on your way to work. I like to refer to the characteristic atmosphere of the library as a 'sense of place'.

When places have been given a stronger meaning or definition by society, they are said to have a strong sense of place. Designing modern multifunctional libraries is all about creating unique places with a strong identity and character, connecting to the user's defined and undefined needs; places that foster a sense of authentic attachment and belonging.

Architecture is closely connected to the experience of sense of place, and will change by degrees. In contemporary and future society, the library as institution will indisputably play a rising and significant role. The library will continue to be a unique space for learning, sharing, and interacting, as well as a haven for immersion and inspiration. I cannot imagine a time where such a place will ever be expendable.

accueillante et ouverte, la meilleure façon d'y parvenir est de s'assurer que le processus de conception soit lui-même ouvert et intègre les nouvelles idées. Solliciter l'avis de groupes d'utilisateurs est un exemple parmi d'autres de bonnes pratiques en la matière.

Initier le dialogue et échanger avec les futurs usagers du bâtiment peuvent certes relever d'un exercice périlleux pour l'architecte, mais combien précieux en phase de développement. Ce processus d'innovation conceptuelle participative, alimenté par les usagers, peut être mis en place à un stade précoce du projet, pour en tirer de plus grands bénéfices. Bibliothécaires professionnels, étudiants, visiteurs et communauté au sens large peuvent contribuer au projet en soumettant des idées et des opinons enrichissantes, et bien souvent en faisant profiter de leurs connaissances particulières. Pareille collaboration suscite en outre un fort sentiment d'adhésion et d'appartenance.

Les avis des usagers éclairent d'un nouveau regard les méthodes, les fonctions et les relations de travail, les comportements des visiteurs, les attentes liées aux services, les demandes d'informations, etc., autant de facteurs qui mettent en avant les nouveaux besoins et les priorités des utilisateurs et du personnel de demain. Il est ainsi possible de sonder des groupes d'utilisateurs autour de thématiques spécifiques comme le choix du site, la géométrie et le cadre intérieur, et de fournir à l'équipe de conception le plus d'informations pertinentes possible.

Placer l'usager au cœur du processus de conception contribuera à stimuler et à renforcer le sentiment d'appartenance et d'adhésion chez le grand public, relayé dans l'architecture même de la bibliothèque qui, une fois achevée, véhiculera des valeurs reconnaissables pour l'institution, la ville et la communauté tout entière.

S'imprégner de l'atmosphère du lieu

Nous avons tous, à un moment donné, côtoyé une bibliothèque. Cette institution et le cadre qui la caractérise ne laissent personne indifférent. En tant que lieu, la bibliothèque réveille diverses impressions gardées en mémoire par nos sens : l'acoustique, le silence, l'odeur des livres, l'éclairage, la perte de la notion de temps. Ancestrale, hautement symbolique, la bibliothèque n'en demeure pas moins un repère connu de tous, une institution ouverte indissociable de la ville où vous habitez, de l'école ou de l'université que vous fréquentez, du trajet pour se rendre au travail. J'aime à comparer cette ambiance si caractéristique que dégage la bibliothèque à cette notion 'd'atmosphère, d'impression du lieu'.

Ne dit-on pas d'un lieu chargé de sens ou lourd de signification qu'il dégage une vive « impression », une « atmosphère » particulière ? Concevoir des bibliothèques modernes aux fonctions multiples revient à imaginer des lieux uniques dotés d'une forte identité, mais toujours en rapport avec les attentes précises, et celles moins définies des utilisateurs ; des lieux auxquels on est véritablement attaché, qui appartiennent à la collectivité.

Étroitement liée à cette impression d'atmosphère du lieu, l'architecture opérera une transformation progressive. Dans nos sociétés contemporaines et celles en devenir, la bibliothèque en tant qu'institution est incontestablement amenée à jouer un rôle grandissant et significatif, sans cesser d'incarner cet espace unique d'apprentissage, de partage et d'interaction, ainsi que ce havre d'immersion et d'inspiration. Je n'ose imaginer que pareille institution soit un jour appelée à disparaître.

de diseño de una biblioteca. Si debemos aspirar a diseñar una arquitectura de biblioteca accesible, integradora y abierta, la mejor forma de lograrlo es garantizando que el proceso de diseño en sí se abra y adapte a nuevas ideas, por ejemplo, invitando a grupos y usuarios a que participen en él.

El diálogo y la interacción con los futuros usuarios del edificio constituye una herramienta de desarrollo que supone un reto pero es a la vez de gran valía para el arquitecto. La innovación del procedimiento participativo en el diseño basado en el usuario se puede integrar en el proceso en su fase más temprana, para mayor beneficio de todos. Los bibliotecarios profesionales, estudiantes, visitantes y la comunidad circundante en general pueden contribuir con ideas y aportaciones enriquecedoras y, por encima de todo, con un conocimiento específico. Asimismo, este proceso crea un importante sentido de compromiso y propiedad.

Los puntos de vista de los usuarios aportan mayores perspectivas sobre los procesos de trabajo, funciones laborales, relaciones laborales, comportamiento de visitantes, expectativas de servicio, solicitudes de información, todo lo cual perfila las necesidades y prioridades de los futuros usuarios y empleados. Se puede pedir a grupos y usuarios que se relacionen con cuestiones específicas –el centro, la geometría y el interior– y proporcionen al equipo de diseño la mayor información posible.

No solo la implicación de los usuarios en el proceso de diseño estimulará y desarrollará el sentido de propiedad y afiliación en el público en general, sino que la arquitectura de la biblioteca, una vez finalizada, transmitirá igualmente valores reconocibles para la institución, la ciudad y la comunidad circundante.

Sentido de lugar

La mayoría de nosotros ha estado en una biblioteca y tenemos nuestra propia opinión de la biblioteca como institución y como lugar. La biblioteca como lugar está asociada a distintas impresiones conservadas por nuestros sentidos: acústica, silencio, olor de los libros, iluminación, pérdida de la noción del tiempo. La biblioteca es antigua, emblemática pero es también un lugar conocido, una institución abierta, situada en la ciudad en la que vive, en la escuela o la universidad en la que estudia o en el edificio junto al que pasa de camino al trabajo. Me gusta hacer referencia al ambiente tan característico de la biblioteca como «sentido de lugar».

Cuando la sociedad ha otorgado a los lugares un marcado significado o definición, se dice que desprenden un fuerte «sentido de lugar». El diseño de modernas bibliotecas multifuncionales se basa en la creación de lugares únicos con un marcado carácter e identidad, relacionados con las necesidades definidas e indefinidas del usuario; lugares que promueven un sentido auténtico de apego y pertenencia.

La arquitectura está estrechamente relacionada con la experiencia del sentido de lugar y irá cambiando gradualmente. En la sociedad contemporánea y futura, la biblioteca como institución desempeñará irrefutablemente una función significativa y creciente. La biblioteca seguirá siendo un lugar único para el aprendizaje, el uso compartido y la interacción, así como un refugio para la inmersión y la inspiración. No me puedo imaginar una época en la que un lugar así pueda llegar a ser prescindible.

新アレクサンドリア図書館
Library of Alexandria

アレクサンドリア、エジプト・アラブ共和国
設計：スノヘッタ、2002年

　アレクサンドリアの古代図書館は古典学術の世界において最も権威のある施設でした。現在もほぼ同じ場所に建っている新図書館は、同様に気高い雰囲気を漂わせています。

　上空から見れば、その形状は全能の太陽を示唆する真円形となっており、全高では地下15.8メートル、地上37メートルに及ぶその建物は、海に向かって斜めに切り取られたような形となっています。メインの閲覧室は11層が滝のように連なっており、細い柱が屋根と天窓を支えています。

　外観はかつての古代図書館の世界中への影響力を思い起こさせるように、世界の100種以上の文字で特徴づけられた巨大な壁面が曲線を描いています。

The ancient Library of Alexandria dominated the classical world of learning, and the new library, standing on roughly the same site, has similarly lofty ambitions. From above, it takes the shape of a simple circle, suggesting the all-powerful sun, but in height, it goes from 15.8 metres underground to 37 metres above ground, tilting towards the sea. The main reading room cascades over eleven levels, where slender columns support the roof and its skylights. Externally, the granite walls are carved with characters from over one hundred di"erent human scripts, calling to mind the universal influence of the library's predecessor.

新アレクサンドリア図書館、アレクサンドリア、エジプト・アラブ共和国

Si l'antique Bibliothèque d'Alexandrie dominait en son temps le monde de la connaissance, le nouvel édifice, qui s'élève approximativement sur le même site, entend poursuivre les mêmes nobles objectifs. Vu d'en haut, l'édifice dévoile une forme circulaire épurée qui rappelle la toute-puissance du soleil. Toutefois, le bâtiment, incliné en direction de la mer, s'enfonce à 15,8 mètres sous le sol et s'élève 37 mètres au-dessus du sol. La salle de lecture principale se déploie en cascade sur onze niveaux, où de fines colonnes supportent le toit et ses puits de lumière. Au-dehors, plus d'une centaine de signes humains ont été gravés sur les murs en granit pour rappeler le rayonnement universel de son illustre ancêtre.

La antigua Biblioteca de Alejandría dominaba el mundo clásico de los conocimientos y la nueva biblioteca, que se erige aproximadamente en el mismo lugar, exhibe las mismas elevadas ambiciones. Desde arriba, presenta la forma de un simple círculo que sugiere el sol todopoderoso, pero su altura alcanza desde los 15,8 metros por debajo de tierra hasta los 37 metros por encima, inclinándose hacia el mar. La sala de lectura principal cae en cascada sobre once niveles, en ella esbeltas columnas soportan el techo y sus claraboyas. En el exterior, en los muros de granito están tallados los caracteres de más de un centenar de escrituras humanas distintas, que evocan la influencia universal del predecesor de la biblioteca.

新アレクサンドリア図書館、アレクサンドリア、エジプト・アラブ共和国

ロシア国立図書館
Russian State Library

モスクワ、ロシア連邦
設計：ウラジミール・シューコ＆
ウラジミール・ゲリフレイフ、1941年

ロシア国内最大にして世界でも最大級のこの図書館は、1862年にモスクワ公立博物館およびルミャンツェフ博物館の付属図書館として設立されました。革命後の1925年にはレーニンにちなんだ名称へと変わり、国立の図書館となりました。革命を支えた蔵書が急増して手狭になったため、とても印象的な現在の建物への改築計画が立案されたのです。

建設は長期に渡り1927年に設計の後、1930年には着工が開始したにも関わらず、大部分が完成となったのは1941年のことでした。さらに最近の1960年まで改築や増築を行っていたのです。ロシア国立図書館と改称されたのは1992年のことでした。

Plus grande bibliothèque de Russie, et l'une des plus grandes du monde, l'édifice fut inauguré en 1862 en tant que division du Musée public de Moscou et du Musée Roumiantsev. C'est en 1925, après avoir été renommée en l'honneur de Lénine, que la bibliothèque a acquis son statut de bibliothèque nationale du pays. Surplombant le Kremlin, la prestigieuse Maison Pachkov, qui abritait alors la Bibliothèque, ne suffisant plus à abriter la collection, victime de son développement fulgurant, il fut décidé de concevoir les plans de l'imposant bâtiment que nous connaissons aujourd'hui. Projet de longue haleine, l'édifice fut conçu en 1927, mais sa construction ne débuta qu'en 1930. Bien que quasiment achevée en 1941, la Bibliothèque fut encore développée et agrandie au début des années 60. Elle fut enfin rebaptisée Bibliothèque d'Etat de Russie en 1992.

Russia's largest library, and one of the largest in the world, began life in 1862, as the library division of the Moscow Public Museum and Rumyantsev Museum. In 1925, it was renamed for Lenin and became the country's national library. Its collection had been developing rapidly, and when it outgrew the prestigious Pashkov House, overlooking the Kremlin, plans were drawn up for the imposing building we see today. Construction was a lengthy process; it was designed in 1927, work began in 1930, and although largely complete in 1941, it was developed and extended as recently as 1960. It was renamed the Russian State Library in 1992.

La mayor biblioteca de Rusia, y una de las más grandes del mundo, comenzó su andadura en 1862 como biblioteca del Museo Público de Moscú y del Museo Rumiántsev. En 1925, fue rebautizada con el nombre de Lenin y se convirtió en la biblioteca nacional del país. Su colección se desarrolló con gran rapidez y, al superar la capacidad de la prestigiosa Casa Pashkov, frente al Kremlin, se procedió a planificar la imponente biblioteca que admiramos hoy en día. Su construcción implicó un largo proceso: fue diseñada en 1927, las obras comenzaron en 1930 y, aunque finalizaron en gran medida en 1941, se siguió desarrollando y ampliando en una época tan reciente como 1960. Fue rebautizada como Biblioteca Estatal de Rusia en 1992.

キング・ファハド国立図書館
King Fahd National Library

リヤド、サウジアラビア王国
設計：エックハルト・ガーバー、2013年

　サウジアラビア王国からの依頼によるこの図書館設立の狙いは、先進的で文化的に明敏な王国国家を反映した象徴的な建築物を創造することにありました。華やかなバウハウス様式のデザインは、女性がかぶるベール（アバヤ）の伝統的な思想から触発されたものです。その価値には高尚さや、神の加護があるべきことの暗示となっているのです。

　新しい図書館は現在は蔵書保管庫として使われているドーム屋根を持った築40年の旧図書館の建築物を取り囲んでいます。ベール状の意匠は、いくつも繰り返し並びながら織物のように建物の外側を覆っており、それにより伝統を重んじると共に砂嵐や灼熱から図書館を守る役割も果たしているのです。

Commissioned by the Kingdom of Saudi Arabia, the aim of this library was to create an iconic building that would reflect a forward-thinking and culturally astute nation. The bright, Bauhaus design was inspired by the traditional idea of the veiled woman; the suggestion that something of value must be elevated and protected. The new library surrounds its predecessor, a forty-year-old conventional edifice with domed roof, which now houses the archives. The symbol of the veil is echoed in the outer textile membrane, a nod to tradition which also protects the library from the effects of sandstorms and extreme heat.

キング・ファハド国立図書館、リヤド、サウジアラビア王国

Le Royaume d'Arabie saoudite a commandé cette bibliothèque dans le but de se doter d'un monument emblématique, à l'image d'une nation avant-gardiste à la culture brillante. De style bauhausien, l'architecture lumineuse s'inspire largement de l'image traditionnelle de la femme voilée, dans l'idée de chérir et de protéger les trésors de la vie. La nouvelle bibliothèque encercle le précédent édifice conventionnel vieux de quarante ans avec son toit en dôme, qui abrite désormais les archives. Le symbole du voile se retrouve dans la membrane extérieure en textile, autre clin d'œil à la tradition, qui offre également à la bibliothèque une barrière contre les tempêtes de sable et la chaleur extrême.

El objetivo de esta biblioteca, realizada por encargo del Reino de Arabia Saudí, era crear un edificio emblemático que reflejara la visión de futuro y la apertura cultural de la nación. El ingenioso diseño Bauhaus se inspiró en la idea tradicional de la mujer con velo, sugiriendo que lo valioso se ha de elevar y proteger. La nueva biblioteca rodea a su predecesora, un edificio cuadragenario de factura convencional, con una cúpula en el techo, que ahora alberga los archivos. El símbolo del velo se traduce en la membrana textil que recubre el edificio, una alusión a la tradición que, además, protege a la biblioteca de los efectos de las tormentas de arena y del calor excesivo.

籬苑書屋（リー・ウェン図書館）
LiYuan Library

交界河村、北京郊外、中華人民共和国
設計：李暁東工作室、2011年

籠苑書屋（リー・ウェン図書館）、交界河村、北京郊外、中華人民共和国

　交界河村（ジャウジェ）から離れた山間にたたずむ外見的には質素な籠苑書屋。
　その館内は段差と水平面を用いることで広々とした印象の空間が広がっており、また隠れ家のような環境を創りだしています。印象的な窓は穏やかな眺めを生む枠組みとなり、外観の素材は快適な読書を可能とするまでに光を和らげています。
　建設にあたっては、地域コミュニティの協力により蔵書の寄贈が行われ、その収蔵においては即興で意見交換の場が開かれました。地域から受け入れた蔵書数は現在までで7000冊以上に及びます。館内は自然そのままの小枝に覆われていることから、いずれ動植物までもが図書館の仲間となるかもしれません。

In the mountains outside Jiaojiehe sits the seemingly modest LiYuan Library. Internally, steps and levels have been used to maximise space and create hideaways. Impressive windows frame peaceful views, and the external material tempers the light to allow for comfortable reading. Upon construction, it was down to the local community to build the library's collection, and it was an instant platform for exchanging ideas. It has received more than 7,000 books to date and, clothed as it is in untreated twigs, it is expected that flora and fauna will join the library in due course.

籬苑書屋（リー・ウェン図書館）、交界河村、北京郊外、中華人民共和国

En las montañas de las afueras de Jiaojiehe, se encuentra la aparentemente modesta Biblioteca de LiYuan. En el interior, se han utilizado escalones y niveles para aumentar al máximo el espacio y crear ambientes aislados. Unas imponentes ventanas sirven de marco a unas vistas apacibles. El material empleado en el exterior atenúa la luz, lo que propicia una cómoda lectura. Tras su construcción, la comunidad local se encargó de constituir la colección de la biblioteca, que se convirtió de inmediato en una plataforma para el intercambio de ideas. Hasta la fecha, ha recibido más de 7.000 libros. Con su atavío de ramitas sin tratar, se espera que, con el tiempo, la flora y la fauna se sumen a la biblioteca.

D'apparence modeste, la bibliothèque Li Yuan se niche dans les montagnes autour du village de Jiaojiehe. A l'intérieur, divers jeux de marches et de niveaux optimisent l'espace en aménageant plusieurs alcôves. Les imposantes parois vitrées offrent une vue apaisante, la lumière naturelle filtrée par la structure extérieure invitant au plaisir de la lecture. Lors de la construction, la mise en place du fonds de la bibliothèque a été confiée à la communauté locale, érigeant le lieu en véritable plateforme d'échanges instantanés. La bibliothèque a reçu à ce jour plus de sept mille ouvrages. Revêtue de fines branches non traitées, la bibliothèque ne devrait pas tarder à abriter fleurs et autre faune sauvage.

八王子図書館の曲線を描く壁面とエレガントなアーチ構造は、古典的な建築物というよりむしろ自然の力に感化されたものです。大きさの違うガラス製アーチがあしらわれた外観は洞窟からインスピレーションを受けており、美大生にお似合いの刺激的な環境を創出する無彩色の室内へ自然環境を迎え入れています。

地上部分の2階層の1階は多目的ギャラリースペースと劇場エリアとしており、コンクリート製の傾斜フロアが正面の南側玄関からなだらかに下っていきます。2階は書架の収容スペースとなっており、ここでは対照的に天井が緩やかに上方へと傾くことで閲覧エリアへとふんだんに自然光を取り込んでいます。

The curved walls and elegant arches of Hachioji Library are in fact more influenced by nature than by classical architecture. Inspired by caves, the exterior, with its glass arches of varying spans, welcomes the natural surroundings into the neutral interior space, creating a suitably stimulating environment for students of art. Standing at two storeys over a basement, the first floor features an all-purpose gallery space and theatre area, and its concrete floor slopes down gently from the front entrance. The second floor accommodates the book stacks, and here, in contrast, the ceiling tilts up slightly, filling the reading areas with light.

八王子図書館
Hachioji Library

多摩美術大学、八王子、東京、日本
設計：伊東豊雄、2007年

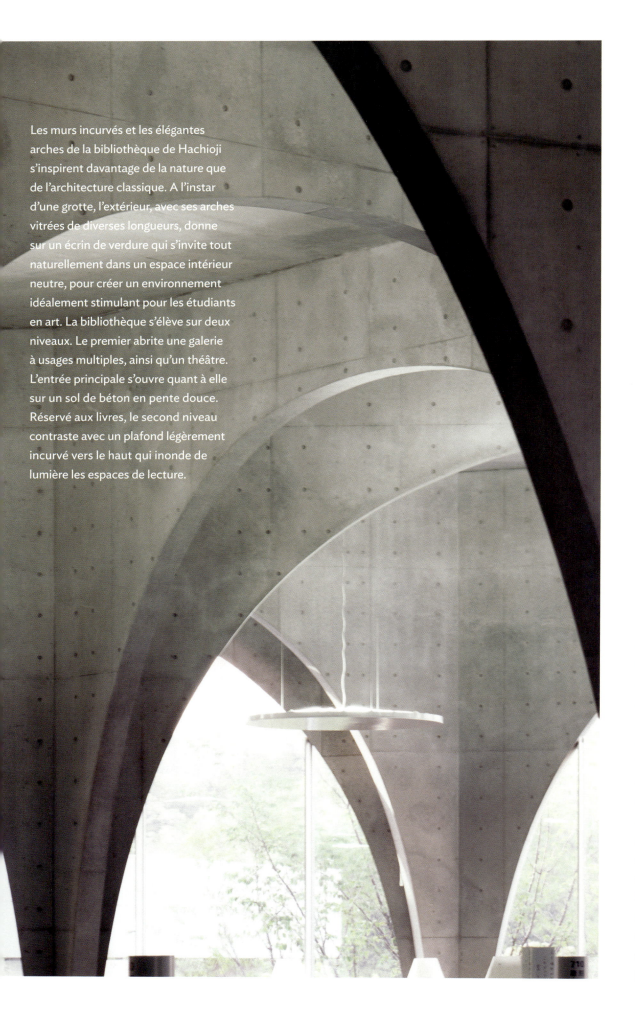

Les murs incurvés et les élégantes arches de la bibliothèque de Hachioji s'inspirent davantage de la nature que de l'architecture classique. A l'instar d'une grotte, l'extérieur, avec ses arches vitrées de diverses longueurs, donne sur un écrin de verdure qui s'invite tout naturellement dans un espace intérieur neutre, pour créer un environnement idéalement stimulant pour les étudiants en art. La bibliothèque s'élève sur deux niveaux. Le premier abrite une galerie à usages multiples, ainsi qu'un théâtre. L'entrée principale s'ouvre quant à elle sur un sol de béton en pente douce. Réservé aux livres, le second niveau contraste avec un plafond légèrement incurvé vers le haut qui inonde de lumière les espaces de lecture.

Las paredes curvas y los elegantes arcos de la Biblioteca de Hachioji están realmente más influidos por la naturaleza que por la arquitectura clásica. Inspirado en las cuevas, el exterior, con sus arcos acristalados de distintas envergaduras, acoge los entornos naturales en el espacio interior neutral, lo que crea un ambiente estimulante muy adecuado para los estudiantes de arte. El primer piso, situado en dos plantas sobre un sótano, presenta un espacio multifuncional de galería y un área teatral. Su suelo de hormigón se inclina suavemente hacia abajo desde la entrada principal. La segunda planta aloja las estanterías de libros y, aquí, en contraste, el techo se inclina hacia arriba ligeramente, inundando de luz las zonas de lectura.

八王子図書館、多摩美術大学、八王子、東京、日本

国立国会図書館
National Diet Library

東京、日本
設計：前川國男建築設計事務所、1961年

　かつて日本が「大日本帝国」と称していた頃に運営されていた帝国図書館と、その二院制議会に置かれた各図書館という2つの源流に端を発し、両施設の蔵書を引き継ぐ形で国立国会図書館は設立されました。現在では東京本館、関西館、国際子ども図書館の3施設が一体となって機能しています。

　東京本館は、正方形をした書庫棟とそれを取り囲む事務棟という構造の本館に加えて、1986年完成の新館との二棟構成となっています。新館では深さ30メートル、地下8階層に至る吹き抜け構造がその中央を貫いており、天窓から差し込む自然光に溢れたその空間全体が書庫として機能しています。同建造エリアは当時の東京では最深の地下建物であり、大深度地下利用の例として話題を呼びました。

The National Diet Library was originally founded as a successor to the Imperial Library, which was in operation during the period when Japan was called the 'Empire of Japan', combined with the collections of the libraries for the two houses of the legislature. The National Diet Library currently has three branches: the Tokyo Main Library, the Kansai Library, and the International Library of Children's Literature. The Tokyo Main Library consists of a square library building surrounded by office buildings as well as an Annex completed in 1986. The Annex has a light well running through its centre down to the eight floors underground, a depth of 30 metres, and the whole space, flooded with natural light brought in through skylights, is used for library stacks. At the time, this area of the Annex was the deepest underground building in Tokyo, and it gained attention as a key example of the use of deep underground space.

La Bibliothèque nationale de la Diète a été initialement créée dans le but de succéder à la Bibliothèque impériale, alors ouverte lorsque le Japon était encore un Empire, en fusionnant ses collections avec celles des bibliothèques des deux chambres du parlement. La Bibliothèque nationale de la Diète comprend aujourd'hui trois antennes : la Bibliothèque principale de Tokyo, La Bibliothèque du Kansai et la Bibliothèque internationale de littérature pour enfants. La Bibliothèque principale de Tokyo se répartit entre un bâtiment de forme cubique entourée d'immeubles de bureaux et son annexe achevée en 1986. Grâce au puits de lumière central qui traverse les huit niveaux en sous-sol de l'Annexe jusqu'à 30 mètres de profondeur, tout l'espace, entièrement baigné de lumière naturelle projetée par des lucarnes, sert de rayonnage. À l'époque, ce bâtiment était le premier à abriter un espace aussi profondément aménagé à Tokyo, ce qui lui a valu d'être considéré comme une référence en matière d'utilisation des espaces construits à très grande profondeur.

La Biblioteca Nacional de la Dieta fue en origen creada como sucesora de la Biblioteca Imperial, que funcionó durante el período en el que Japón era un imperio, y a la que se sumaron las colecciones de las bibliotecas de las dos cámaras legislativas. La Biblioteca Nacional de la Dieta está compuesta actualmente por tres dependencias: la Biblioteca Principal de Tokio, la Biblioteca Kansai y la Biblioteca Internacional de Literatura Infantil. La Biblioteca Principal de Tokio consta de un edificio de biblioteca cuadrado, rodeado de edificios de oficinas, así como de un Anexo finalizado en 1986. El Anexo dispone de un patio de luces central que recorre los ochos pisos subterráneos, con una profundidad de 30 metros; todo el espacio, rebosante de luz natural procedente de las claraboyas, se utiliza para estanterías de la biblioteca. En su tiempo, esta parte del Anexo fue el edificio subterráneo más profundo de Tokio y llamaba la atención como ejemplo sobresaliente del uso de un espacio profundo bajo tierra.

国立国会図書館、東京、日本

米沢嘉博記念図書館
Yoshihiro Yonezawa Memorial Library

東京、日本、2009年（開館）

世界最大の同人誌即売会「コミックマーケット」の創立メンバーであり、その代表を務めた米沢嘉博（よねざわよしひろ）は、生前に14万冊を超える個人蔵書を残しました。この図書館は、明治大学が推進するマンガ・アニメ・ゲームのアーカイブ施設設置計画の先行施設として、彼の膨大なコレクションをもとに造られたマンガとサブカルチャーの専門館です。

館内では様々な種類や年代のマンガを閲覧することが可能であり、1階の展示室では希少な資料を用いた多様な企画やトークショーが開催されています。また図書館ではコミケで頒布された同人誌の見本誌の閲覧提供も継続して行っており、直近に開催された際のものに限って閲覧を依頼することもできるのです。

Yoshihiro Yonezawa, a founding member and representative of Comic Market (or Comiket), the world's largest exhibition for fan publications called doujinshi, left behind a private library of over 140,000 volumes that he collected during his lifetime. As a leading facility for the establishment of a manga, anime, and video game archive led by Meiji University, this library specialises in manga and other subcultures built around his enormous collection. In the library, visitors can browse a variety of manga from different time periods, and various special projects and talk shows featuring rare items take place in the Exhibition Hall on the first floor. The library also offers visitors the opportunity to browse sample issues of dojinshi distributed at Comiket, and items from recent exhibitions can also be requested for perusal.

Membre fondateur et ambassadeur du Comic Market (ou Comiket), plus grande convention du manga et de l'anime au monde dédiée aux publications d'amateurs appelées « doujinshi », Yoshihiro Yonezawa a laissé derrière lui une bibliothèque privée de plus de 140 000 volumes qu'il a collectionnés de son vivant. Fonds de premier plan pour la constitution d'une archive consacrée au manga, à l'animé et au jeu vidéo entreprise par l'Université Meiji, cette bibliothèque se spécialise dans le manga et les autres sous-cultures autour de l'incroyable collection de Yoshihiro Yonezawa. La bibliothèque propose une grande variété de mangas de différentes époques, et divers projets inédits et débats autour de pièces rares se déroulent dans la salle d'exposition au rez-de-chaussée. Les visiteurs ont également la possibilité de consulter des exemplaires de doujinshi publiés au Comiket, et de demander à lire sur place des pièces d'expositions récentes.

Yoshihiro Yonezawa, miembro fundador y representante de Comic Market (o Comiket), la mayor exhibición del mundo de los fanzines llamados dojinshi, legó una biblioteca privada con más de 140.000 volúmenes que coleccionó durante toda la vida. Esta biblioteca, una instalación de primer orden, que alberga el archivo de manga, anime y videojuegos, dirigida por la Universidad de Meiji, está especializada en manga y otros subculturas creadas en torno a su enorme colección. En esta biblioteca, los visitantes pueden consultar una gran variedad de manga de distintas épocas; además, en la sala de exposiciones de la planta baja se celebran diversos proyectos especiales y programas de entrevistas que presentan obras inusuales. La biblioteca también proporciona a las visitantes la oportunidad de hojear algunos ejemplares de muestra de dojinshi distribuidos en Comiket. Se pueden solicitar igualmente obras de exposiciones recientes para su lectura.

世界中でファンを獲得している日本の「MANGA」文化を未来へと受け継ぎ、より広く開花させることを目的として、京都国際マンガミュージアムは2006年11月に京都市と京都精華大学の共同事業として設立されました。

19世紀後半に建造された小学校を改修した館内には、「マンガの壁」と称される壮大な書架が備えられており、そこに並ぶ約5万冊のマンガを自由に手に取ることができるようになっています。加えて、マンガは屋外の庭へと持ち出すことが許されており、太陽のもとで作品を楽しむこともできるのです。

京都国際マンガミュージアム
Kyoto International Manga Museum

京都、日本
設計：株式会社類設計室、2006年

The Kyoto International Manga Museum was founded in November 2006 as a joint project between the city of Kyoto and Kyoto Seika University with the aim of nurturing the growth of Japan's 'manga' culture, which also has a worldwide following, and passing it on to future generations. The building itself is a former elementary school built in the latter half of the nineteenth century that was renovated to house the museum. It features a spectacular bookshelf called the 'Wall of Manga' for displaying about 50,000 volumes of manga, which can be taken down and read by anyone. The manga can also be taken outside onto the lawn, where visitors can enjoy items from the collection outdoors in the sunshine.

Fondé en novembre 2006, le Musée international du manga de Kyoto est le fruit d'un partenariat entre la ville de Kyoto et l'Université Kyoto Seika visant à encourager le rayonnement de la culture « manga » japonaise, qui suscite également de l'intérêt partout dans le monde, et à passer le flambeau aux générations futures. Le bâtiment lui-même est une ancienne école élémentaire construite dans la seconde moitié du 19ème siècle, puis rénovée afin d'abriter le musée. Le musée comprend une impressionnante collection baptisée le « Mur du Manga » qui recense quelques 50 000 volumes de mangas en libre-service. Il est également possible de lire son manga dehors sur la pelouse et de profiter de la collection du musée en plein air.

京都国際マンガミュージアム、京都、日本

El Museo Internacional del Manga de Kioto se creó en noviembre de 2006, como proyecto conjunto entre la ciudad de Kioto y la Universidad de Kyoto Seika, con el objetivo de fomentar el desarrollo de la cultura «manga» japonesa, que despierta un interés mundial, y de conservarla para las futuras generaciones. El edificio en sí es una antigua escuela elemental construida en la segunda mitad del siglo XIX que se renovó para albergar el museo. Presenta una estantería espectacular llamada «Pared del manga» en la que se exhiben 50.000 volúmenes de manga, que se pueden sacar para su lectura. Asimismo, se puede llevar el manga al césped del exterior, donde los visitantes pueden disfrutar de las obras de la colección al aire libre y bajo el sol.

ビクトリア州立図書館
State Library of Victoria

メルボルン、オーストラリア連邦
設計：ジョセフ・リード、1856年

Au nombre des premières bibliothèques publiques libres du monde, la Bibliothèque d'Etat du Victoria s'est considérablement développée depuis sa création, et se compose désormais de vingt-trois bâtiments. L'édifice compte parmi ses pièces les plus emblématiques la salle de lecture Redmond Barry (1886), du nom de son fondateur, ainsi que la salle de lecture à coupole (1913). Cette dernière, conçue par Norman G. Peebles, s'inspire du Panthéon de Rome. Avec ses six niveaux, elle était alors considérée comme un véritable bijou architectural, une étiquette dont elle jouit toujours un siècle plus tard.

無料公開の施設として世界でも初期の図書館の1つであるビクトリア州立図書館は、設立より広範囲に渡って発展を続け、現在では23の建物群を形成しています。中でも目玉といえるのは、1886年に設立者にちなんで名付けられたレドモンド・バリー閲覧室や、1913年に建築されたラ・トローブ閲覧室です。

ノーマン・G・ピーブルスにより設計された後者の部屋は、古代ローマの神殿様式であるパンテオンからインスピレーションを受けています。6階建てという多層の図書館は建設当時から驚嘆すべき建築物とされ、それは100年後の今も変わりません。

One of the first free public libraries in the world, the State Library of Victoria has been extensively developed since its foundation, and now comprises twenty-three buildings. Highlights include the Redmond Barry Reading Room (1886), which was named after its founder, and the Domed Reading Room (1913). The latter, designed by Norman G. Peebles, was inspired by the Pantheon in Rome. At six storeys, it was considered an architectural marvel, and remains so a century later.

Una de las primeras bibliotecas públicas gratuitas del mundo, la Biblioteca Estatal de Victoria ha experimentado un considerable desarrollo desde su fundación e incluye ahora veintitrés edificios. Entre sus elementos más destacados se encuentran la Sala de Lectura Redmond Barry (1886), que lleva el nombre de su fundador, y la Sala de Lectura Abovedada (1913). Ésta última, diseñada por Norman G. Peebles, se inspiró en el Panteón de Roma. Con sus seis plantas, estaba considerada como una maravilla arquitectónica y aún lo sigue siendo un siglo después.

ビクトリア州立図書館、メルボルン、オーストラリア連邦

めまぐるしく変化し成長する読書への欲求を念頭にデザインされた11階建てのシアトル中央図書館は、圧倒的な存在感を示しています。

　145万冊を超える蔵書類を収納する空間は、5つのプラットフォームと緩やかに連なった4つのフロアになっています。それらは役割によって様相を変え、個性ある建物の形状を形成しているのです。

　読書や携行されたパソコンのWi-Fi使用が可能な「リビング・ルーム」の回りには、デューイの十進分類法に厳密に従いつつ、増え続ける収蔵書籍を折り重なったリボンのように配架する革新的なノンフィクション分野のための書架「ブック・スパイラル」が展開しています。また最上階では、閲覧室からピュージェット湾と周囲の山々を眺めることもできます。

シアトル中央図書館
Seattle Central Library

シアトル、ワシントン州、アメリカ合衆国
設計：OMA/LMN、2004年

Designed with growth and changing reading habits in mind, the eleven-storey Seattle Central Library has a dynamic presence. With space for more than 1.45 million volumes, it is divided into five platforms and four flowing connecting planes, which vary in dimensions according to function and give the building its distinctive shape. The relaxed 'Living Room', for reading and using Wi-Fi, contrasts with the innovative non-fiction 'Books Spiral', which reasserts the Dewey Decimal System and arranges the ever-growing collection in a continuous ribbon. On the top floor, the reading room offers views of Puget Sound and the surrounding mountains.

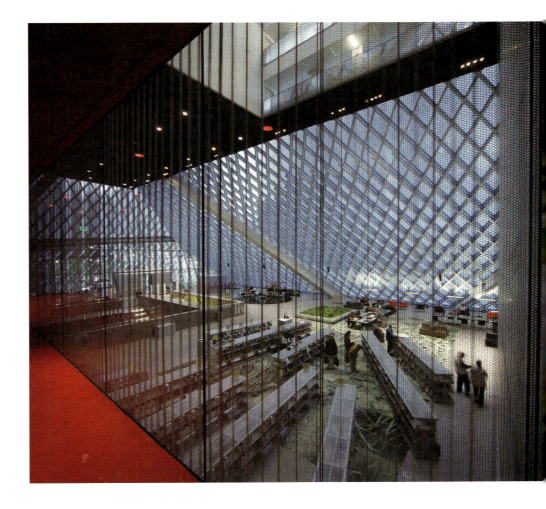

Pensée en fonction des nouvelles habitudes de lecture en plein développement, la Bibliothèque centrale de Seattle, avec ses onze niveaux, occupe l'espace de manière particulièrement dynamique. Pouvant accueillir jusqu'à 1,45 million de volumes, l'édifice se divise en cinq plateformes reliées entre elles par quatre niveaux suspendus dont les dimensions varient selon la fonction, conférant au bâtiment sa forme si particulière. Destinée à la lecture et à l'utilisation du Wi-Fi, la « Salle de séjour » dans un style décontracté, offre un contraste saisissant avec la « Spirale des livres » innovante et non-fictionnelle, qui réinterprète la Classification décimale de Dewey et organise la collection sans cesse grandissante en un ruban ininterrompu. A l'étage supérieur, la Salle de lecture offre un aperçu du détroit de Puget et des montagnes alentours.

La Biblioteca Central de Seattle, de once plantas, se diseñó teniendo en cuenta las costumbres de lectura cambiantes y crecientes, por lo que desprende una presencia dinámica. Con cabida para más de un millón cuatrocientos cincuenta mil volúmenes, está dividida en cinco plataformas y cuatro planos flotantes interconectados, que varían en dimensiones según su función y otorgan al edificio su forma característica. El relajante «Salón», para lectura y uso de Wi-Fi, contrasta con la innovadora «Espiral de libros» de no ficción, que reafirma el sistema de clasificación decimal de Dewey y organiza la creciente colección en una cinta continua. En la planta superior, la sala de lectura ofrece vistas del estrecho de Puget y de los montes del entorno.

シアトル中央図書館、シアトル、ワシントン州、アメリカ合衆国

ホセ・ヴァスコンセロス図書館
José Vasconcelos Library

メキシコシティ、メキシコ合衆国
設計：アルベルト・カラチ、2006年

この図書館は識字率向上運動の基盤となることと文化と都市の再生につながることを意図した施設であり、それらの狙いは建築構造にも反映されています。

「本の櫃(ひつ)」を連想させる細い建物は、都会の喧騒をかき消し、コンクリート製の外観は質感において興味深い対比を成す植物園によって取り囲まれています。内部には連結された書架が5階建てのガラスケースで吊るされており、利用可能な情報の全てとともに訪問者の前へとそびえ立ちます。

コククジラの骨格を使ったガブリエル・オロスコの彫像「バリェナ」は、現在の規模の3倍のコレクションのための空間を有するプロジェクトの野心的な壮大さを強調したものです。

This library was intended to be the cornerstone of a literacy campaign, leading to a cultural and urban regeneration, and this objective permeates the structure. Conceived as a 'coffer of books', the narrow building is surrounded by botanical gardens which muffle urban noise and provide an interesting textural contrast to the concrete exterior. Internally, a network of stacks is suspended in a five-storey glass case, confronting the visitor with all the information available. Gabriel Orozco's sculpture 'Ballena', the skeleton of a grey whale, reinforces the ambitious scale of the project, which has room for a collection triple its current size.

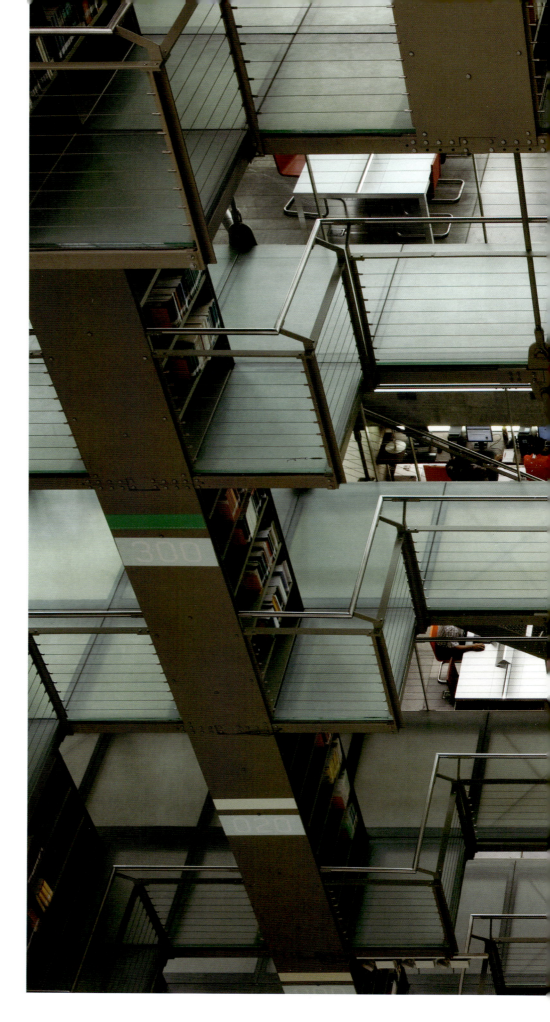

Pierre angulaire d'une vaste campagne d'alphabétisation, cette bibliothèque avait vocation à revitaliser le cadre culturel et urbain de la ville, des objectifs qui transparaissent dans sa structure. Conçue comme un véritable 'coffre à livres', l'édifice étroit s'élève au beau milieu de jardins botaniques qui étouffent le bruit de la ville et offrent un contraste contextuel intéressant avec l'extérieur bétonné de la bibliothèque. A l'intérieur, tout un réseau de bibliothèques suspendues dans un bloc de verre de cinq étages confronte le visiteur à l'incroyable quantité d'informations disponibles. La sculpture signée Gabriel Orozco 'Ballena', qui représente l'ossature d'une baleine grise, fait écho aux dimensions ambitieuses du projet, destiné à accueillir une collection pouvant atteindre trois fois sa taille actuelle.

Esta biblioteca estaba prevista que fuera la piedra angular de una campaña para la alfabetización que llevaría a una regeneración cultural y urbana, y este objetivo queda reflejado en la estructura. Diseñado para ser un «cofre de libros» el estrecho edificio está rodeado de jardines botánicos que atenúan el ruido urbano y proporcionan un interesante contraste de texturas al exterior de hormigón. En el interior, una red de estanterías suspendidas en una caja de cristal de cinco pisos enfrenta al visitante a toda la información disponible. La escultura de Gabriel Orozco «Ballena», el esqueleto de una ballena gris, refuerza las ambiciosas proporciones del proyecto, que tiene espacio para una colección que triplique su tamaño actual.

ホセ・ヴァスコンセロス図書館、メキシコシティ、メキシコ合衆国

アメリカ合衆国議会図書館
Library of Congress

トーマス・ジェファーソンビルディング、ワシントンDC、アメリカ合衆国
設計：ポール・J・ペルツ＆ジョン・L・スミスメイヤー、エドワード・ピアース・ケイシー、1897年

1億5500万点を超える所蔵書数を誇る世界最大の図書館、アメリカ合衆国議会図書館は1800年に創立されました。1814年までは合衆国議会の議事堂内にありましたが、独立戦争時のイギリス軍の侵攻によって、当時の建物は焼き払われてしまいました。

まだ小規模だった図書館の焼失に際し、当時大統領の職を既に退いていたトーマス・ジェファーソンは、彼の個人図書館をその代替として譲渡しました。

1886年になって議会はついにボザール様式の新しい図書館の建築に着手します。1892年にはエドワード・ピアース・ケイシーが50人を超えるアメリカ人アーティストによる作品を含んだ図書館の室内装飾の監修を引き継ぎ、その大ホールや円形の閲覧室は図書館の重要性を語る上で非常に代表的な存在となっています。

The largest library in the world, with over 155 million volumes, the Library of Congress was established in 1800. It was housed in the Capitol until 1814, when invading British troops set fire to the building. When the small library was destroyed, retired President Thomas Jefferson offered his personal library as a replacement. In 1886, Congress finally authorised construction of a new Beaux-Arts-style library. In 1892, Casey took over supervision of the interiors, which included the work of more than fifty American artists. The Great Hall and the circular reading room are particularly representative of the library's importance.

Plus grande bibliothèque au monde, avec plus de 155 millions de volumes, la Bibliothèque du Congrès date de 1800. Elle était installée au Capitole jusqu'en 1814, année durant laquelle elle fut envahie par les troupes britanniques qui mirent feu au bâtiment et détruisirent la modeste bibliothèque. L'ancien Président Thomas Jefferson offrit alors de la remplacer par sa collection personnelle. En 1886, le Congrès finit par autoriser la construction d'une nouvelle bibliothèque de style Beaux-Arts. En 1892, Casey prit la direction des intérieurs auxquels ont contribué plus de cinquante artistes américains. Le Grand Hall et la Salle de lecture circulaire sont particulièrement représentatifs de l'importance de cette bibliothèque.

La Biblioteca del Congreso, la mayor biblioteca del mundo con más de 155 millones de volúmenes, fue fundada en 1800. Estuvo alojada en el Capitolio hasta 1814, cuando las tropas británicas invasoras prendieron fuego al edificio. Al destruirse la pequeña biblioteca, el presidente retirado Thomas Jefferson ofreció su biblioteca personal en sustitución. En 1886, el Congreso autorizó finalmente la construcción de una nueva biblioteca de estilo Beaux-Arts. En 1892, Casey organizó la supervisión del interior, que incluía el trabajo de más de cincuenta artistas americanos. El gran vestíbulo y la sala de lectura circular son especialmente representativos de la importancia de la biblioteca.

アメリカ合衆国議会図書館、トーマス・ジェファーソンビルディング、ワシントンDC、アメリカ合衆国

ジョージ・ピーボディ図書館
George Peabody Library

ジョンズ・ホプキンス大学、
ボルチモア市、メリーランド州、アメリカ合衆国
設計：エドマンド・G・リンド、1878年

　1857年、マサチューセッツ州出身の慈善家ジョージ・ピーボディはボルチモア市民の善意に感謝を表し、ピーボディ研究所を市民に寄贈しました。現在、この研究所はジョンズ・ホプキンス大学の一部となっていますが、ピーボディの当初の寄贈目的に従い、図書館は一般市民へと開放されたままとなっています。
　初代館長であるナサニエル・H・モリソンが「本の大聖堂」と表現したように、本館は目を見張るネオ・グレック様式で有名です。閲覧室は黒と白の大理石の床から19メートル上の荘厳で豪華な天窓に開放され、5層に及ぶ精巧な鋳鉄製のバルコニーによる華やかなアトリウム（吹き抜け）を特徴としています。

In 1857, Massachusetts-born philanthropist George Peabody dedicated the Peabody Institute to the citizens of Baltimore in appreciation of their hospitality. It is now part of Johns Hopkins University, but in accordance with Peabody's original gift, the library remains open to the general public. Described by the first Peabody provost, Nathaniel H. Morison, as a 'cathedral of books', it is renowned for its striking neo-Grec interior. The reading room features a bright atrium bordered by five tiers of elaborate cast-iron balconies, which rise dramatically to the highly lavish skylight, 19 metres above the black and white marble floor.

ジョージ・ピーボディ図書館、ジョンズ・ホプキンス大学、ボルチモア市、メリーランド州、アメリカ合衆国

En 1857, le philanthrope originaire du Massachusetts George Peabody dédia l'Institut Peabody aux citoyens de Baltimore en remerciement de leur hospitalité. L'institut fait désormais partie de l'Université Johns Hopkins, mais selon la volonté initiale de Peabody, la bibliothèque reste ouverte au grand public. Décrite par le premier prévôt de Peabody, Nathaniel H. Morison, comme une 'cathédrale de livres', la bibliothèque est célèbre pour son remarquable intérieur de style néo-grec. La Salle de lecture abrite un atrium lumineux bordé sur cinq niveaux de balcons travaillés en fer forgé, qui s'élèvent de manière spectaculaire jusqu'à la somptueuse verrière culminant à presque 19 mètres au-dessus du sol en marbre noir et blanc.

En 1857, el filántropo nacido en Massachusetts George Peabody dedicó el Instituto Peabody a los ciudadanos de Baltimore en agradecimiento a su hospitalidad. Ahora forma parte de la Universidad Johns Hopkins pero de acuerdo con la ofrenda original de Peabody, la biblioteca sigue abierta al público en general. Descrita por el primer rector de Peabody, Nathaniel H. Morison, como una «catedral de libros», es célebre por su llamativo interior neogriego. La sala de lectura presenta un atrio luminoso rodeado de cinco niveles de intrincadas galerías de hierro fundido, que surgen de forma espectacular hacia la suntuosísima claraboya, 19 metros por encima del suelo de mármol blanco y negro.

エスパーニャ図書館
Biblioteca España

メデジン州、コロンビア共和国
設計：ジャンカルロ・マッサンティ、2007年

20世紀後半はメデジンにとって麻薬組織が暗躍した混乱の時代でしたが、その指導者であったパブロ・エスコバルが死亡してからは、街は治安の回復に尽力し続けています。貧しいサント・ドミンゴ・サビオ地区に位置するエスパーニャ図書館公園は、この取り組みの力強さと決意を印象的に表現しているのです。

3つの巨石のような建物はコンクリート製の基礎によってメインレベルでつながっており、連なる窓は訪問者を外界から断絶するために小さく、また一様ではありません。

この図書館は子どもたちにとても人気があり、最も貧困な地域にも読書により自尊心を提供しています。

The latter half of the twentieth century was a very turbulent time for Medellín, but since the death of Pablo Escobar it has been working to regain its reputation. Situated in the underprivileged Santo Domingo Savio barrio, the Parque Biblioteca España is a striking expression of this strength and determination. The three boulder-like buildings are linked by a concrete podium at the main level, and the window groupings are small and irregular in order to disconnect visitors from the world outside. The library is hugely popular with children, and has instilled a sense of pride in a most deprived area.

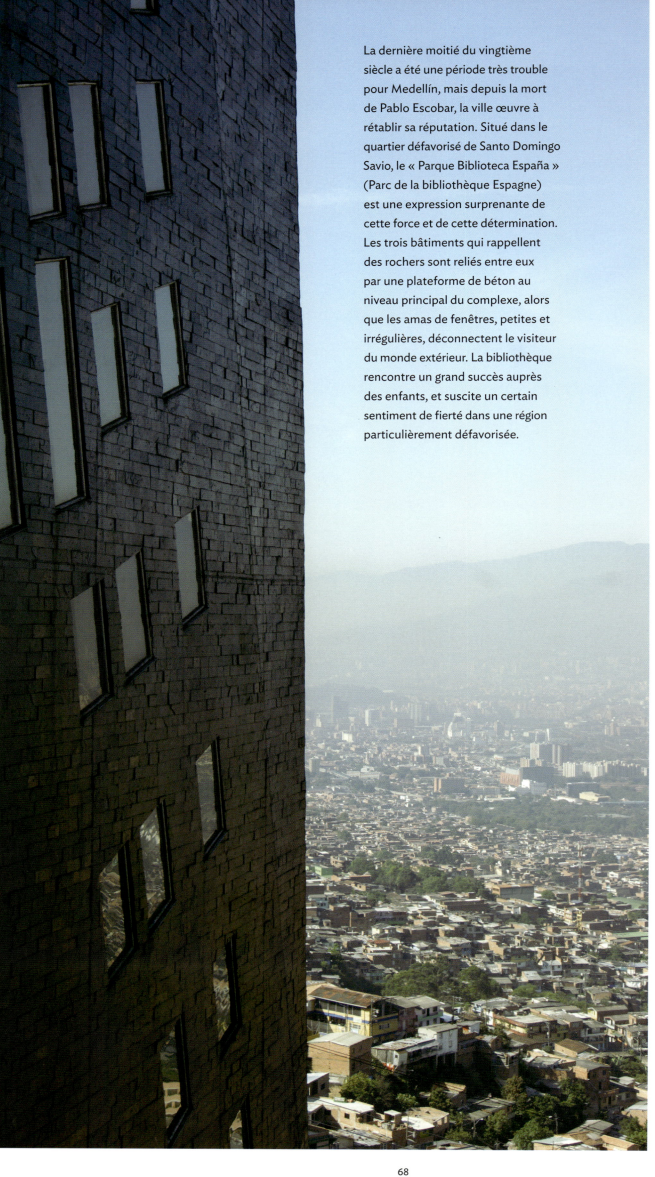

La dernière moitié du vingtième siècle a été une période très trouble pour Medellín, mais depuis la mort de Pablo Escobar, la ville œuvre à rétablir sa réputation. Situé dans le quartier défavorisé de Santo Domingo Savio, le « Parque Biblioteca España » (Parc de la bibliothèque Espagne) est une expression surprenante de cette force et de cette détermination. Les trois bâtiments qui rappellent des rochers sont reliés entre eux par une plateforme de béton au niveau principal du complexe, alors que les amas de fenêtres, petites et irrégulières, déconnectent le visiteur du monde extérieur. La bibliothèque rencontre un grand succès auprès des enfants, et suscite un certain sentiment de fierté dans une région particulièrement défavorisée.

エスパーニャ図書館、メデジン州、コロンビア共和国

En la segunda mitad del siglo XX, Medellín pasó por una época muy turbulenta, pero desde la muerte de Pablo Escobar se ha esforzado por recuperar una buena reputación. Situado en el desfavorecido barrio de Santo Domingo Savio, el Parque Biblioteca España constituye una llamativa expresión de esta energía y determinación. Los tres edificios, en forma de roca lisa, están unidos por un podio de hormigón en el nivel principal. Los grupos de ventanas son pequeños e irregulares para desconectar a los visitantes del mundo exterior. La biblioteca es muy popular entre los niños y ha inculcado un sentimiento de orgullo en un área muy desfavorecida.

エスパーニャ図書館、メデジン州、コロンビア共和国

ニューヨーク公共図書館
New York Public Library

スティーブン・A・シュワルツマン・ビルディング
ニューヨーク、アメリカ合衆国
設計：カレール＆ヘイスティングス、1911年

ニューヨーク公共図書館の初代館長ジョン・ショウ・ビリングスは、歴史的な価値がありつつも効率の良いある建物のための明確なビジョンを持っていました。その構想は例えば、7層の書架の上に長方形の閲覧室を置くことで迅速な本の受け渡しが可能となるであろうといったものでした。

　当時900万ドルの費用と9年の歳月をかけて建築された図書館は、ニューヨークで最も完成度の高いボザール様式の建築物であり、厳粛かつ印象的なファサード（正面玄関）には、忍耐と不屈を表す2体の大理石のライオンが知の見張り役として立ちはだかっています。また1998年には700名の利用者が収容できる館の象徴であったローズ主閲覧室が改修され、かつての輝きを取り戻しました。

The first director of the New York Public Library, Dr John Shaw Billings, had a clear vision for a monumental but efficient building: a rectangular reading room over seven storeys of book stacks, which would allow for the rapid delivery of books. Costing $9 million, and taking nine years to construct, it is considered to be New York's most successful Beaux-Arts building. Two marble lions, Patience and Fortitude, stand guard at the austere and imposing façade, and in 1998 the iconic Rose Main Reading Room, with space for 700 readers, was restored to its original splendour.

ニューヨーク公共図書館、スティーブン・A・シュワルツマン・ビルディング

Le premier directeur de la *New York Public Library,* Dr. John Shaw Billings, avait imaginé un bâtiment monumental mais efficace : une salle de lecture rectangulaire au-dessus de sept niveaux de magasins pour une remise rapide des livres. Ayant coûté 9 millions de dollars et bâti en neuf ans, l'édifice est considéré comme un chef-d'œuvre architectural du style Beaux-Arts à New York. Deux lions en marbre, Courage et Patience, montent la garde à l'entrée d'une façade austère et imposante. En 1998, après avoir été restaurée, l'emblématique Salle de lecture rose, pouvant accueillir jusqu'à 700 lecteurs, a retrouvé sa splendeur d'antan.

El primer director de la Biblioteca Pública de Nueva York, el Dr. John Shaw Billings, tenía una visión clara de un edificio monumental pero eficiente: una sala de lectura rectangular sobre siete plantas de estanterías de libros, que permitiese un rápido reparto de los libros. Con un coste de 9 millones de dólares y una construcción que duró nueve años, está considerado como el edificio de estilo Beaux-Arts más logrado de Nueva York. Dos leones de mármol, la Paciencia y la Fortaleza, hacen guardia en la austera e imponente fachada y en 1998 la emblemática sala de lectura, con espacio para 700 lectores, recuperó su esplendor original gracias a una restauración.

ニューヨーク公共図書館、スティーブン・A・シュワルツマン・ビルディング

王立ポルトガル図書館
Royal Portuguese Reading Room

リオデジャネイロ、ブラジル連邦共和国
設計：ハファエル・ダ・シルバ・エ・カストロ、1888年

　1837年、当時はブラジル帝国（ポルトガル王国植民地）首都であったこの地に、ポルトガル人コミュニティ間の文化向上を目的として移民グループの手で設立され、その後、1888年に現在の図書館になりました。ネオ・マヌエル様式の建物はポルトガル王国における大航海時代の華麗さを想起させ、またジェロニモス修道院からインスピレーションを受けた石灰岩のファサード（正面玄関）は、王国の首都リスボンで彫刻され、船でリオデジャネイロまで輸送されてきたものです。

　ネオ・マヌエル様式は装飾的な扉や書架といった内装にまで及んでおり、ポルトガルの偉大な作家や探検家への多大なる敬意を表しています。閲覧室を特徴づける美しいシャンデリアと鉄製の天窓は、それまでのブラジルには類を見ないものだったそうです。

Founded in 1837 by a group of immigrants to promote culture among the Portuguese community in the then capital of the Empire, the current library was inaugurated in 1888. The neo-Manueline building evokes the exuberant era of Portuguese discovery, and the limestone façade, inspired by the Jerónimos Monastery, was carved in Lisbon and brought by ship to Rio de Janeiro. The neo-Manueline style continues inside, with ornamental doors and shelves, and numerous nods to the great writers and explorers of Portugal. The beautiful chandelier and iron skylight feature of the reading room was the first of its kind in Brazil.

Fondée en 1837 par un groupe d'immigrants désireux de promouvoir la culture au sein de la communauté portugaise dans la capitale de l'époque de l'Empire, la bibliothèque actuelle a été inaugurée en 1888. L'édifice de style néo-manuélin rappelle l'âge d'or des grandes découvertes portugaises. La façade en calcaire, directement inspirée du Monastère des Hiéronymites, a été sculptée à Lisbonne et transportée par bateau jusqu'à Rio de Janeiro. Le style néo-manuélin se prolonge à l'intérieur de la bibliothèque bardée de portes et d'étagères ornementales, et truffée de références aux grands écrivains et explorateurs portugais. Le magnifique lustre et la lucarne en fer forgé de la Salle de lecture furent les premiers du genre au Brésil.

Fundada en 1837 por un grupo de inmigrantes para fomentar la cultura entre la comunidad portuguesa en la entonces capital del imperio, la biblioteca actual se inauguró en 1888. El edificio neomanuelino evoca la época exuberante del descubrimiento portugués y la fachada de piedra caliza, inspirada en el Monasterio de los Jerónimos, se esculpió en Lisboa y se transportó en nave a Río de Janeiro. El estilo neomanuelino se prolonga en el interior, con puertas y estanterías ornamentados, y numerosos bustos de grandes escritores y exploradores portugueses. El magnífico detalle de la araña y la claraboya de hierro de la sala de lectura fue el primero de su género en Brasil.

　TEAとは公共図書館、美術館、地域社会のための幾つものスペースを内包した複合施設です。施設にはあらゆる方向からアクセスでき、また公共通路はすべての建物の内部に続く誘導路へとつながっています。
　2層のフロアは弧を描くらせん階段で接続されており、モダンな照明装置は、テネリフェ島の火山岩を思い浮かばせる暗いコンクリートとの爽やかな対比をもたらしています。外壁には、日中なら海上で揺らめく太陽を連想させ、また夜になれば建物の輪郭を描き出す小さなガラス張りの裂け目が1200個あり、図書館を鮮やかなサンタ・クルスのランドマークとしています。

TEA（テネリフェ・スペース・オブ・アーツ）
TEA Tenerife Arts Space

サンタ・クルス・デ・テネリフェ、カナリア諸島、スペイン
設計：ヘルツォーク&ド・ムーロン、2008年

TEA includes a public library, an art museum, and several spaces for the community. Accessible from all sides, and intersected by a public path, everything about the building beckons the outside world in. Its two storeys are connected by a sweeping spiral staircase, and the modern lighting features provide a refreshing contrast to the dark concrete, which calls to mind the volcanic rock of Tenerife. Externally, there are 1,200 small glazed openings which during the day are reminiscent of the sun shimmering on the sea, and at night animate the skyline, making the library a vibrant Santa Cruz landmark.

Le TEA abrite une bibliothèque publique, un musée d'art et plusieurs espaces communautaires. Accessible de toutes parts, et entrecoupé d'une allée publique, tout dans cet édifice invite le monde extérieur à pénétrer dans ses lieux. Les deux niveaux du complexe sont reliés par un large escalier en spirale, et l'éclairage moderne offre un contraste agréable avec le béton de couleur sombre, qui évoque la roche volcanique de Ténériffe. La façade extérieure, composée de 1 200 minuscules baies vitrées, rappelle, le jour, les reflets du soleil sur la mer, et anime, la nuit venue, l'horizon, faisant de cette bibliothèque un carrefour incontournable de Santa Cruz.

TEA（テネリフェ・スペース・オブ・アーツ）、サンタ・クルス・デ・テネリフェ、カナリア諸島、スペイン）

TEA incluye una biblioteca pública, un museo de arte y varios espacios para la comunidad. Accesible por todas partes y atravesado por una vía pública, todo en este edificio invita a adentrarse en él al mundo exterior. Sus dos plantas están conectadas por una escalera en espiral de gran amplitud y las modernas funciones de iluminación proporcionan un contraste refrescante con el hormigón oscuro, que recuerda la roca volcánica de Tenerife. En el exterior, 1.200 pequeños orificios acristalados recuerdan, de día, el sol resplandeciendo en el mar y, de noche, animan la línea del horizonte. Todo esto convierte la biblioteca en un punto de referencia vibrante de Santa Cruz.

ジョアニナ図書館
Joanina Library

コインブラ大学、コインブラ、ポルトガル共和国
設計：ガスパール・フェレイラ、1728年

　コインブラ大学はポルトガルで唯一の中世から続く大学で、1290年に創立された当時はリスボンに位置していました。コインブラにて図書館が建築されたのは18世紀、国家の主権を握ることで再度の繁栄をもたらした国王ジョアン5世によってでした。彼の紋章は入り口の巨大な柱廊上部に見ることができます。

　図書館の厚い壁と扉は、熱や湿気から25万冊の蔵書を保護するのに役立っています。実用性はともかく、3階建ての図書館の内装は金装飾や高価な木材、3つの巨大部屋を貫く色彩鮮やかな天井からなる豪華なバロック様式となっています。

The University of Coimbra, the only ancient university in Portugal, was founded in 1290 and originally located in Lisbon. It was rebuilt in Coimbra in the eighteenth century by King João V, whose reign brought renewed prosperity to the country. His coat of arms is visible above the great portico at the entrance. The library's thick walls and doors help to protect its 250,000 volumes from the heat and humidity. Practicality aside, the interiors of the three-storey library are richly Baroque, with gilded detailing, rich wood and painted ceilings running through its three great rooms.

Fondée en 1290, l'Université de Coimbra, la plus ancienne du Portugal, était initialement située à Lisbonne. Elle fut reconstruite à Coimbra au dix-huitième siècle par le Roi Jean V du Portugal, sous le règne duquel le pays renoua avec la prospérité. Son armoirie trône au-dessus du grand portique à l'entrée. Les murs épais et les lourdes portes de la bibliothèque protègent les 250 000 volumes qu'elle abrite de la chaleur et de l'humidité. Indépendamment de ces considérations pratiques, les trois vastes niveaux de la bibliothèque sont richement décorés dans le style baroque, que viennent sublimer des dorures, de somptueuses boiseries et des peintures au plafond.

La Universidad de Coimbra, la única universidad antigua de Portugal, se fundó en 1290 y, en su origen, se encontraba en Lisboa. En el siglo XVIII, el rey Juan V, cuyo reinado aportó una renovada prosperidad al país, la volvió a construir en Coimbra. Su escudo está visible en la parte superior del gran pórtico de la entrada. Los gruesos muros y puertas de la biblioteca ayudan a proteger sus 250.000 volúmenes contra el calor y la humedad. Aspectos prácticos aparte, el interior de la biblioteca de tres plantas es de un estilo barroco suntuoso, con elementos dorados, maderas preciadas y techos pintados a lo largo de sus tres grandes salas.

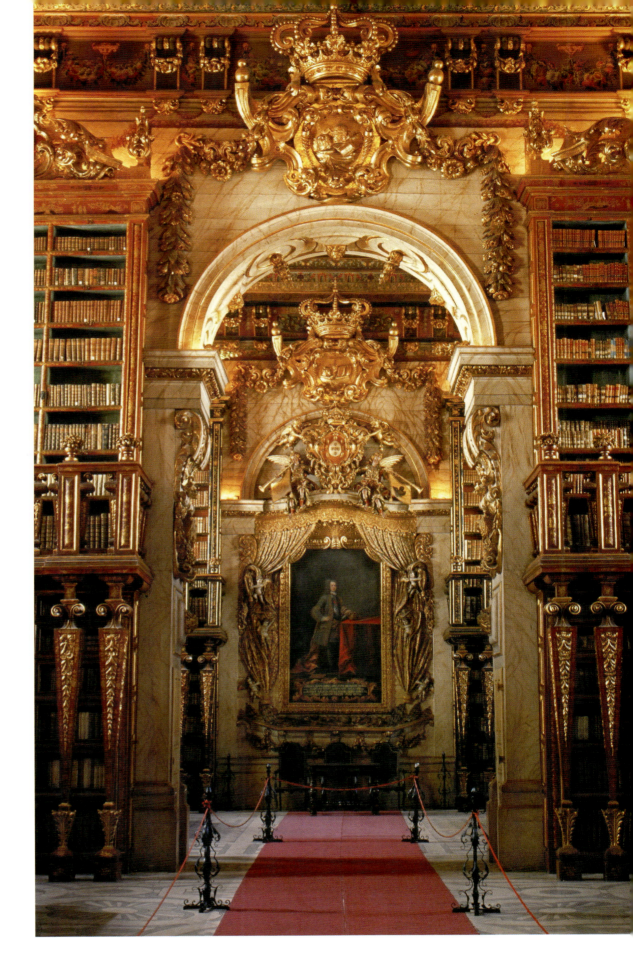

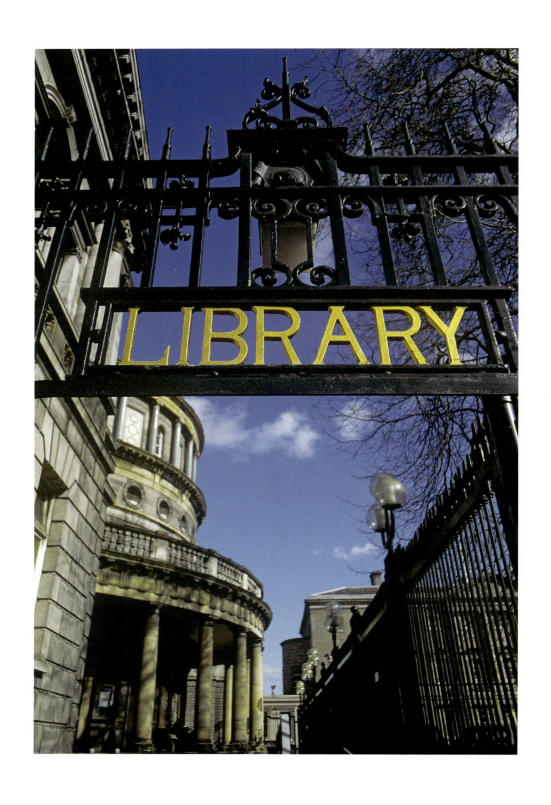

アイルランド国立図書館
National Library of Ireland

ダブリン、アイルランド
設計：トーマス・ディーン、1890年

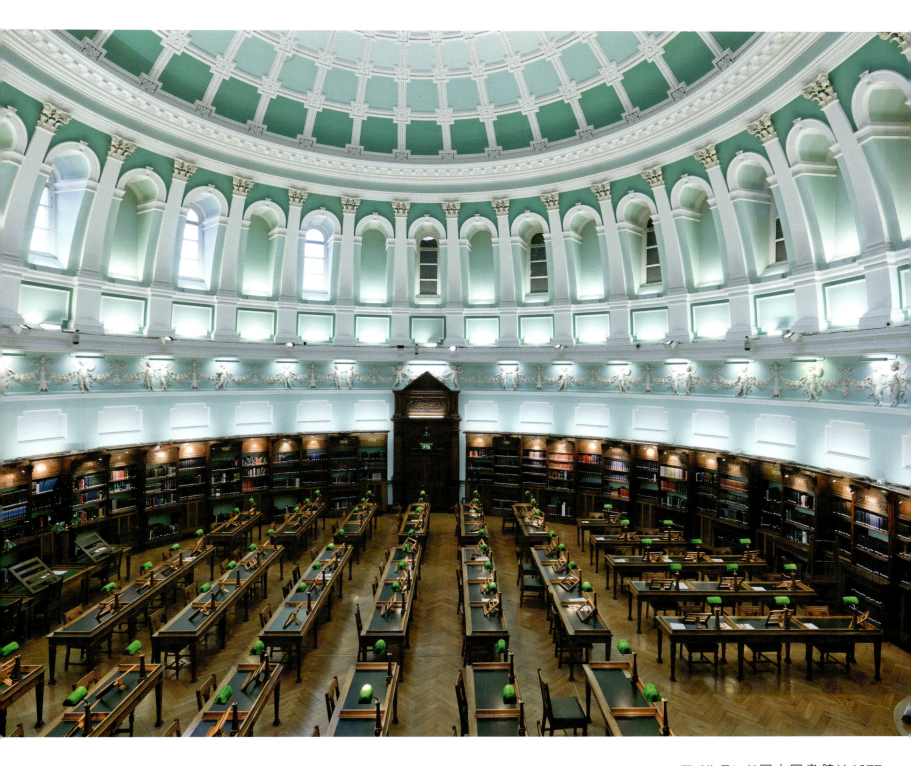

　アイルランド国立図書館は1877年に設立され、現在の建物は1890年に開館しました。それ以来、古風なスタイルを保ちつつも拡大を重ね、今日ではアイルランドで最も崇拝される数名の作家が寄贈した遺物を含む、800万点以上の収蔵物を有するレファレンス（調査資料）専門の図書館となっています。

　図書館は明るく歓迎的な雰囲気で上質な装飾がほどこされ、とりわけ馬蹄形の閲覧室、及びその中心となるドーム状の屋根や天使の装飾は、この図書館の見所となっています。

The National Library of Ireland was established in 1877, and the present building was opened in 1890. Since then it has been extended, in keeping with its classical style, and today it is a reference library with upwards of 8 million items, including artefacts from some of Ireland's most revered writers. It has a bright and welcoming atmosphere, and an array of rich decorative elements. The horseshoe-shaped reading room, with its central dome and cherub frieze, is a particular highlight.

Fondée en 1877, la *National Library of Ireland* n'a ouvert physiquement ses portes qu'en 1890. Depuis, le bâtiment a connu plusieurs extensions, toujours dans le prolongement de son style classique. La bibliothèque est aujourd'hui une institution de référence avec une collection de plus de 8 millions d'ouvrages qui inclut les œuvres de certains des écrivains irlandais parmi les plus populaires. Le bâtiment dégage une atmosphère lumineuse et accueillante, magnifiée par de somptueux éléments décoratifs, dont la pièce maîtresse, avec son dôme central et sa frise de chérubins, est la salle de lecture en forme de fer à cheval.

La Biblioteca Nacional de Irlanda se fundó en 1877 y el edificio actual se inauguró en 1890. Desde entonces se ha ido ampliando aunque sin renunciar a su estilo clásico. En la actualidad, se considera una biblioteca de referencia con más de 8 millones de artículos, incluidas pertenencias de algunos de los escritores más venerados de Irlanda. Ofrece un ambiente luminoso y acogedor, así como una serie de suntuosos elementos decorativos. Destaca, en particular, la sala de lectura en forma de herradura, con la cúpula central y el friso de querubines.

アイルランド国立図書館、ダブリン市、アイルランド

トリニティカレッジ図書館
Trinity College Library

ダブリン、アイルランド
設計:トーマス・バーフ、1732年

ダブリン・トリニティカレッジは1592年に創立された単科大学で、その図書館はアイルランド最大のものとなっています。「ロングルーム」として知られる全長65メートルの図書館は、1660年代に収蔵されたとされる『ケルズの書』『ダロウの書』という、2冊のとても貴重な写本を収蔵しています。

1801年には国家の納本図書館に制定され、1860年には書物の増加に対してよりスペースを提供すべく、より天井高を求めて木造のアーチ型天井へと改築されました。ロングルームは現在20万冊の古文書を有する聖域であり、年間約50万人の観光客が訪れています。

Trinity College Dublin was established in 1592, and its library is the largest in Ireland. The 65-metre library known as the 'Long Room' is perhaps most famous for two very precious manuscripts, the Book of Kells and the Book of Durrow, both of which it received in the 1660s. In 1801, it became a legal deposit library, and so in 1860 the flat ceiling was replaced with timber tunnel vaults to provide more space for the growing collection. The Long Room is now a sanctuary for 200,000 antique volumes, and it welcomes approximately half a million visitors every year.

Le Trinity College de Dublin a été fondé en 1592, et sa bibliothèque est la plus grande d'Irlande. Longue de 65 mètres, la 'Long Room' (salle oblongue) tire sans doute son prestige des deux précieux manuscrits qu'elle abrite : le Livre de Kells et le Livre de Durrow, tous deux acquis par la bibliothèque dans les années 1660. En 1801, l'établissement fut proclamé bibliothèque de dépôt légal, raison pour laquelle le plafond plat fut remplacé, en 1860, par des voûtes cintrées en bois pour aménager davantage d'espace à la collection grandissante. La *Long Room* est désormais le sanctuaire de 200 000 ouvrages antiques et accueille près d'un demi-million de visiteurs chaque année.

El Trinity College de Dublín se fundó en 1592 y su biblioteca es la más grande de Irlanda. La biblioteca de 65 metros conocida como la «Sala Larga» debe posiblemente su fama a dos manuscritos muy valiosos: el Libro de Kells y el Libro de Durrow, que pasaron ambos a formar parte de la biblioteca en la década de 1660. En 1801, se convirtió en una biblioteca de depósito legal y en 1860, el techo plano fue sustituido por una bóveda de cañón de madera, lo que proporcionó más espacio para la creciente colección. La Sala Larga, actualmente un refugio para 200.000 volúmenes antiguos, recibe aproximadamente medio millón de visitantes al año.

トリニティカレッジ図書館、ダブリン、アイルランド

グラスゴー美術学校図書室
Glasgow School of Art Library

グラスゴー、スコットランド
設計：チャールズ・レニー・マッキントッシュ、1909年

　急勾配な南向きの丘の端に位置するグラスゴー美術学校は、スコティッシュ・バロニアル様式やアール・ヌーヴォー、そして20世紀のモダン調など多様な要素が混ざり合っており、図書室もまたその例外ではありません。

　2層を見渡せる中二階（メザニン）のある構造で、ふんだんに使われたダークウッドの濃い色が室内をより広く見せています。この建物は、本校の出身であり後に名声を手に入れるマッキントッシュにとって初の本格的な仕事でした。彼はアーツ・アンド・クラフツ運動の理想とともに自信を持って創作を進め、黒い鎖のついたペンダントライトを含めたすべての家具や備品を、アール・ヌーヴォーのモチーフで仕上げています。

Située en haut d'une colline à pente abrupte exposée plein sud, la *Glasgow School of Art* frappe par son association d'influences éclectiques puisant tour à tour dans le style des demeures seigneuriales écossaises, dans l'art nouveau et l'architecture moderne. L'élément le plus célèbre du bâtiment reste cependant la bibliothèque qu'il abrite. Construite sur deux niveaux, avec une mezzanine surplombant le premier étage, la salle, caractérisée par l'abondance de boiseries sombres, semble beaucoup plus grande. Bien que l'édifice ait été sa première œuvre majeure, Mackintosh n'a pas hésité à jouer des codes des Arts et Métiers. L'ensemble du mobilier et des matériels, y compris les remarquables luminaires suspendus à des chaînes noires, sont peints et truffés de motifs d'Art Nouveau.

Situated at the edge of a steep south-facing hill, the Glasgow School of Art is an eclectic mix of Scottish Baronial, Art Nouveau and modern influences, but its best-known interior is undoubtedly its library. Standing at two storeys, with a mezzanine overlooking the first floor, the room's abundance of dark wood makes it appear larger. Although this was his first major commission, Mackintosh confidently plays with Arts and Crafts ideals, and all the furniture and fixtures, including the eye-catching pendant lights on black chains, are painted and pierced with Art Nouveau motifs.

Situada al borde de una empinada colina orientada hacia el sur, la Escuela de Arte de Glasgow presenta una combinación ecléctica de influencias modernas, Art Nouveau y señoriales escocesas, pero su interior más conocido es sin duda alguna la biblioteca. Ubicada en dos plantas, con un altillo que domina el primer piso, la abundancia de madera oscura de la sala le confiere mayor amplitud. Aunque éste fue su primer encargo importante, Mackintosh juega, lleno de confianza, con los ideales del movimiento Arts and Crafts, y todos los muebles y elementos fijos, incluidas las vistosas luces que cuelgan de cadenas negras, están pintados y perforados con motivos Art Nouveau.

エル・エスコリアル図書館
Library of El Escorial

サン・ロレンソ・デ・エル・エスコリアル
マドリード、スペイン
設計：フアン・バウティスタ・デ・トレド、フアン・デ・エレーラ、1592年

Now a UNESCO World Heritage site, El Escorial is a historical residence of the King of Spain, and also a monastery, museum and school. Philip II (1527–1598) donated his entire collection to the library, and during his reign there was an entire room dedicated to ancient manuscripts in such languages as Latin, Greek, Arabic, and Spanish, including books confiscated during the Inquisition. Despite the exterior's sober façade, the interiors of the library's five rooms are rich with marble, gilding, and nods to Spain's Golden Age, particularly Pellegrino Tibaldi's frescoes, which are allegorical depictions of the liberal arts.

　今やユネスコの世界遺産であるエル・エスコリアルは、スペイン国王が過去に用いていた邸宅であり、また修道院や博物館、学校でもあります。フェリペ2世（1527年〜1598年）は自身のコレクション全てをその図書館へと寄贈し、彼の統治下にあってはすべての部屋が、宗教裁判の間に押収された文献を含むラテン語やギリシャ語、アラビア語、そしてスペイン語といった言語の古代写本を収めました。
　重厚で厳格なファサード（正面玄関）に対して、図書館となった5部屋の内装は大理石や金箔がふんだんに使われた豪華なもので、技術から芸術までを総合的に学ぶリベラル・アーツ思想を寓意的に描写したペッレグリーノ・ティバルディの天井フレスコ画はとりわけ、スペイン黄金世紀を思い起こさせるものとなっています。

エル・エスコリアル図書館、サン・ロレンソ・デ・エル・エスコリアル、マドリード、スペイン

Inscrit au patrimoine mondial de l'UNESCO, l'Escurial est la résidence historique du Roi d'Espagne, et abrite également un monastère, un musée et une école. Philippe II (1527–1598) a légué l'intégralité de sa collection personnelle à la bibliothèque, qui abritait durant son règne une salle tout entière dédiée aux manuscrits anciens en langue latine, grecque, arabe et espagnole, dont certains ouvrages confisqués pendant l'Inquisition. Malgré une façade extérieure sobre, les cinq salles de la bibliothèque richement décorées de marbre et de dorures rappellent le Siècle d'or espagnol, notamment les fresques de Pellegrino Tibaldi, représentations allégoriques des arts libéraux.

El Escorial, que forma parte del Patrimonio de la Humanidad de la UNESCO, es una residencia histórica del Rey de España, así como un monasterio, un museo y una escuela. Felipe II (1527–1598) donó su colección completa a la biblioteca y durante su reinado, había toda una sala dedicada a manuscritos antiguos en idiomas como latín, griego, árabe y español, incluidos libros confiscados durante la Inquisición. A pesar de la sobria fachada exterior, el interior de las cinco salas que componen la biblioteca es suntuoso y está decorado con mármoles, dorados y bustos del Siglo de Oro español. Destacan, en particular, los frescos de Pellegrino Tibaldi: unas representaciones alegóricas de las artes liberales.

サー・ダンカン・ライス図書館
Sir Duncan Rice Library

アバディーン大学、スコットランド
設計:シュミット・ハマー・ラッセン、2012年

　1495年に創立したアバディーン大学は、英語圏では5番目に古い歴史を持つ大学ですが、サー・ダンカン・ライス図書館は2012年に開館した新しい施設です。その滑らかでキラキラ光るファサード（正面玄関）や外観は「北洋の氷と光」から着想を得ています。

　屋内では非対称の曲線を持った巨大なアトリウム（吹き抜け）が8階分の多層階をつらぬき、全長にして13キロメートルもの書架を収納する大型の施設にもかかわらず、アバディーンの街の素晴らしい景色にあふれ、ゆたかな自然光が館内を照らしています。

Established in 1495, the University of Aberdeen is the fifth oldest English-language university in the world. In 2012, the Sir Duncan Rice Library was opened. It was inspired by 'the ice and light of the north', as is evident in its clean and shimmering façade. Internally, a vast atrium with sweeping asymmetric contours connects its eight generously day-lit storeys, which house 13 kilometres of bookshelves and offer splendid views across the city.

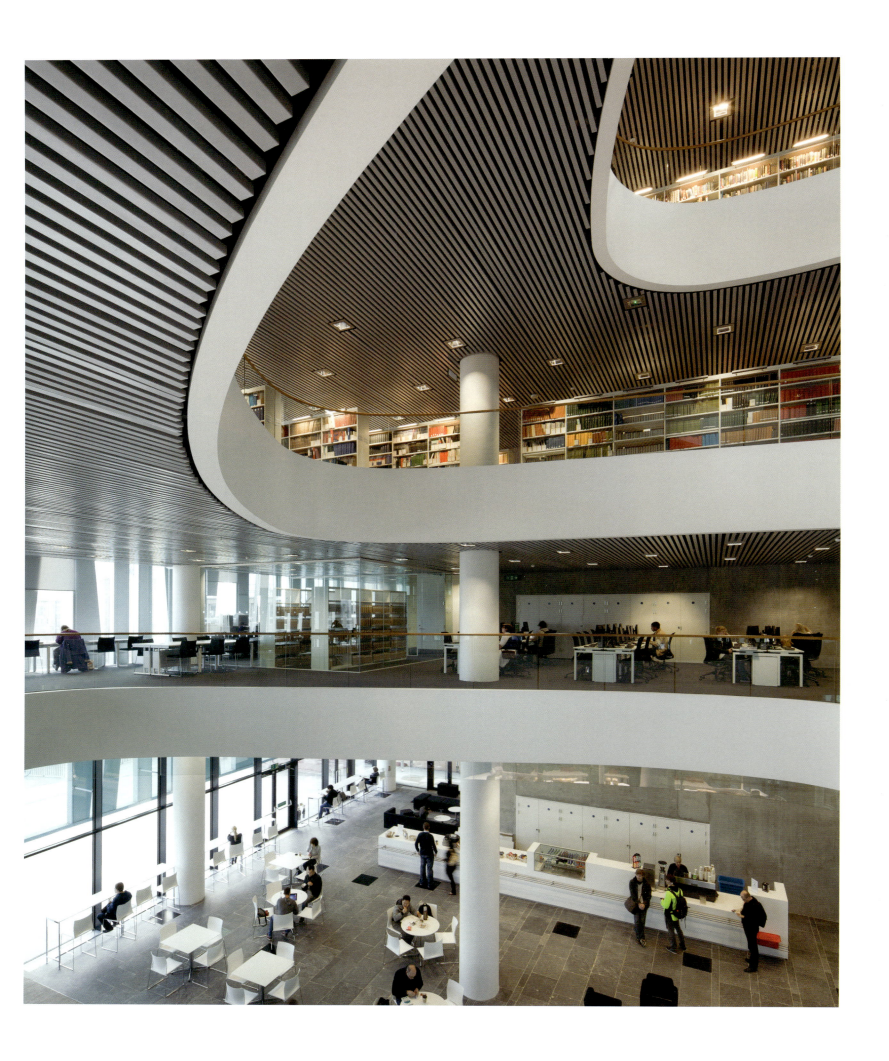

サー・ダンカン・ライス図書館、アバディーン大学、スコットランド

Fondée en 1495, l'Université d'Aberdeen est la cinquième plus ancienne université anglophone du monde. La Bibliothèque Sir Duncan Rice a ouvert ses portes en 2012. Avec sa façade épurée aux reflets chatoyants, le bâtiment affiche clairement le parti pris de l'architecte de rappeler 'la glace et la lumière typique du Nord'. L'intérieur s'organise autour d'un vaste atrium aux larges contours asymétriques qui assure la liaison entre les huit étages généreusement baignés de lumière abritant 13 kilomètres de rayonnages, et offre un magnifique aperçu de la ville.

Fundada en 1495, la Universidad de Aberdeen es la quinta universidad de habla inglesa más antigua del mundo. En 2012, se inauguró la Biblioteca Sir Duncan Rice. Se inspiró en «la luz y el hielo del norte», tal y como lo demuestra su fachada nítida y reluciente. En su interior, un atrio espacioso, con unas curvas asimétricas de gran amplitud, conecta sus ocho plantas generosamente iluminadas con luz natural. En ellas se alojan 13 kilómetros de estanterías de libros y se ofrecen unas vistas espléndidas de la ciudad.

サー・ダンカン・ライス図書館、アバディーン大学、スコットランド

このヨーロッパ最大の公共図書館からは、バーミンガム市の中心部に位置するセンテナリー・スクエアを見渡すことができます。金、銀、そしてガラスによるファサード（正面玄関）は、地元産業として知られる宝石取引や金属工業を象徴しており、数千個もの金属の輪をつなげてつくられています。

屋内ではシェークスピア・メモリアル・ルームと名づけられた部屋を中心にして大小の部屋が8区画の回遊空間を形成しています。

3部屋の主要な閲覧室、児童図書館、ギャラリーやカフェに加えて、屋上庭園、そして外に開放された地下部に円形劇場を有しています。建築家が「ピープルズ・パレス」（人々の王宮）と呼んだこの建物は、年間300万人と予想された訪問者に対応できるよう設計されました。

バーミンガム公共図書館
Library of Birmingham

バーミンガム、イングランド
設計：メカノー設計集団、2013年

Europe's largest public library overlooks Centenary Square in the heart of Birmingham. Its gold, silver and glass façade is clad with thousands of linking metal rings that represent the city's famous jewellery quarter and industrial origins. Internally, a staggered rotunda, crowned by the Shakespeare Memorial Room, forms the core of eight circular spaces. Along with three main reading rooms, a children's library, galleries and cafés, it has a rooftop garden and an external sunken amphitheatre. Described by the architect as a 'people's palace', it has been designed to accommodate an expected 3 million visitors per year.

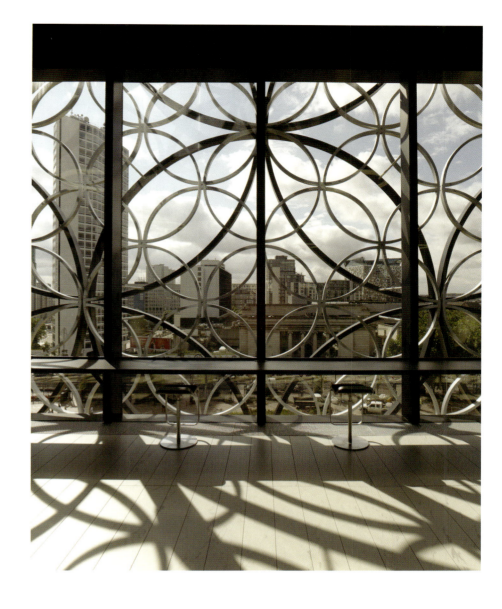

La biblioteca más grande de Europa domina la plaza Centenary Square, en el corazón de Birmingham. Su fachada de cristal, oro y plata está cubierta de miles de anillos metálicos que representan el famoso barrio de la joyería y los orígenes industriales de la ciudad. Por dentro, una rotonda escalonada, coronada por la sala Shakespeare Memorial Room, constituye el eje de ocho espacios circulares. La biblioteca, además de disponer de tres salas de lectura principales, una biblioteca para niños, galerías y cafés, cuenta con un jardín en la azotea y un anfiteatro a cielo abierto, incrustado en el subsuelo. El edificio, definido por su arquitecto como un "palacio del pueblo", ha sido diseñado para un acoger, según las expectativas, a 3 millones de visitantes al año.

La plus vaste bibliothèque d'Europe surplombe Centenary Square en plein centre de Birmingham. D'or, d'argent et de verre, sa façade, habillée de milliers d'anneaux de maille métalliques, rappelle le célèbre quartier des Joailliers de la ville et ses origines industrielles. A l'intérieur, une rotonde étagée, que vient couronner la Salle commémorative Shakespeare (Shakespeare Memorial Room), s'inscrit au cœur de huit espaces circulaires. Outre les trois salles de lecture principales, une bibliothèque pour enfants et plusieurs cafés, le visiteur peut profiter du jardin aménagé sur le toit, ainsi que d'un amphithéâtre encaissé à l'extérieur. Décrite par ses architectes comme un « palais du peuple », la bibliothèque a été conçue pour recevoir les quelques 3 millions de visiteurs escomptés tous les ans.

大英図書館
British Library

ロンドン、イングランド
設計：コリン・セント・ジョン・ウィルソン、1998年

　大英図書館は1973年に独立した組織となりましたが、その前は大英博物館の一部でした。その25年後にようやくセント・パンクラス地区に恒久的な拠点が建設されたのです。設計にのぞんだ建築家は「世界におけるあらゆる知識の魔法使いの山」を思い描き、その建物にも巨大な広さの観念が徹底的に反映されています。

　書籍1400万冊を含む1億5000万点を超える文献などの収蔵品を保管し、さらにはイギリスの全出版物を収めることが定められた法定納本図書館であるため、毎年およそ300万冊が追加されています。

　建物の中心となるのは王立文庫と呼ばれる6層におよぶガラス製の書架で、英国王ジョージ3世によって収集された6万5000冊の本が保管されており、外の回廊には彫刻家エドゥアルド・パオロッツィとアントニー・ゴームリーによる彫像が置かれています。

The British Library became its own entity in 1973, having previously been part of the British Museum. It took twenty-five years, however, to establish its permanent home at St Pancras. The architect envisioned a 'magic mountain of all the knowledge in the world', and that sense of scale reverberates inside and out. The library holds over 150 million items, including 14 million books, and as a legal deposit library it adds some 3 million items annually. At the building's core is the King's Library, a six-storey glass tower housing 65,000 volumes collected by George III, and outside, on the piazza, stand sculptures by Eduardo Paolozzi and Antony Gormley.

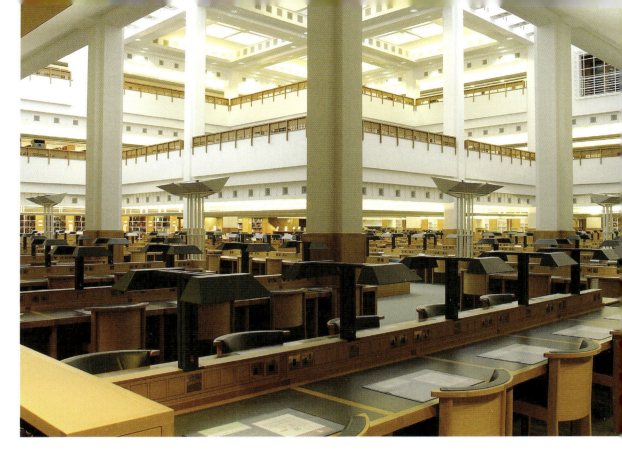

La British Library a acquis son statut d'entité distincte en 1973, après avoir dépendu du British Museum. Il a fallu cependant attendre vingt-cinq ans avant qu'elle ne s'établisse de manière permanente à St-Pancras. Conçue par son architecte comme un véritable 'mont prodigieux de tous les savoirs du monde', la bibliothèque laisse transparaître cette idée à l'intérieur comme à l'extérieur. Son fonds réunit plus de 150 millions pièces, dont 14 millions livres, auxquelles s'ajoutent quelques 3 millions d'éléments par an dans le dépôt légal. Le bâtiment abrite en son cœur la King's Library (bibliothèque du Roi), une tour de verre de six étages qui héberge 65 000 volumes réunis par George III. Dans la cour extérieure trônent des sculptures d'Eduardo Paolozzi et d'Antony Gormley.

La Biblioteca Británica se convirtió en entidad propia en 1973, ya que anteriormente formada parte del Museo Británico. Tardó veinticinco años, no obstante, en establecerse en su sede permanente en el barrio de St Pancras. El arquitecto imaginó una «montaña mágica de todos los conocimientos del mundo»·y esta sensación de envergadura resuena dentro y fuera del edificio. La biblioteca contiene más de 150 millones de elementos, incluidos 14 millones de libros; además, como biblioteca de depósito legal, añade unos tres millones de elementos anuales. El alma del edificio lo constituye la Biblioteca del Rey, una torre de cristal de seis plantas que aloja 65.000 volúmenes coleccionados por Jorge III. En el exterior, la plaza está adornada con esculturas de Eduardo Paolozzi y Antony Gormley.

ペッカム公共図書館&メディアセンター
Peckham Library and Media Centre

ロンドン、イングランド
設計:アルソップ・アーキテクツ、2000年

地域再生政策の1つとして建設されたペッカム公共図書館は、建築的にも文化的にも際立った成功を収めています。5階建ての建物は細長い支柱に支えられる逆L字型で、外壁には黄、オレンジ、緑、赤、そして青の色の合わせガラスが張られています。

メインとなる5階のライブラリーホールの上部に浮かぶのは紙の厚さほどの合板製の中2階のポッドで、ここはミーティングやイベントにも使える独特な空間を創出しています。また北側から南側へと続く窓からは、息をのむようなロンドン市街の全景を見ることができます。

Commissioned as part of a regeneration of the area, Peckham Library has been a resounding success, both architecturally and culturally. The five-storey building takes the form of an upturned L-shape on stilts, clad with laminated glass in yellows, oranges, greens, reds and blues. The main library hall, on the fourth floor, is a two-storey space, over which float three paper-thin plywood pods, creating distinct spaces for meetings and events, and continuous windows along its north and south sides offer breathtaking panoramas of London.

ペッカム公共図書館&メディアセンター、ロンドン、イングランド

Commandée dans le cadre d'un projet de revitalisation du quartier, la Bibliothèque Peckham a remporté un énorme succès, tant sur le plan architectural que culturel. L'édifice de cinq étages prend la forme d'un L renversé sur pilotis, habillé de verres polychromes teintés de jaune, d'orange, de vert, de rouge et de bleu. Le hall principal de la bibliothèque, au quatrième étage, s'organise sur deux niveaux, surplombés de trois espèces de cosses en contreplaqué aussi fin que de papier, qui aménagent des espaces distincts pour les rencontres et les événements, alors que la baie vitrée longeant les côtés nord et sud offre un aperçu époustouflant de Londres.

Encargada con el objetivo de contribuir a la regeneración de la zona, la Biblioteca Peckham ha logrado un éxito rotundo, tanto desde el punto de vista arquitectónico como cultural. El edificio de cinco plantas tiene forma de una L invertida sobre columnas y está recubierto de vidrio laminado en tonos amarillos, naranjas, verdes, rojos y azules. La sala de la biblioteca principal, en la cuarta planta, es un espacio de dos pisos, sobre el que flotan tres estancias de contrachapado muy fino, destinadas a reuniones y eventos diversos. Unas ventanas continuas a lo largo de sus lados septentrional y meridional ofrecen unas vistas impresionantes de Londres.

ペッカム公共図書館&メディアセンター、ロンドン、イングランド

サント=ジュヌヴィエーヴ図書館
Sainte-Geneviève Library

パリ、フランス共和国
設計：アンリ・ラブルースト、1851年

　6世紀に建てられたサント=ジュヌヴィエーヴ修道院の極めて貴重なコレクションを所蔵しているこの図書館は1844年から1851年にかけて、パンテオン広場に面した場所にアンリ・ラブルーストにより建設されました。2階建てのファサード（正面玄関）には810名の偉人の名前が刻まれており、内部は一列に並んだ優雅な鋳鉄製のイオニア式円柱によってふたつに分けられた二層に及ぶ巨大な閲覧室がその目玉となっています。

　設計者ラブルーストによる当時としてはとても革新的だった鋳鉄の建材としての利用は、それまでのやっかいな石造加工をはぶいて建築することを可能としました。1930年代と1960年代に修復工事が実施されましたが、19世紀の工業化時代の合理的にして詩的な思想という双方の思想に変わりはありません。

This library, which inherited the prized collections of the sixth-century Abbey de Sainte-Geneviève, was erected by Henri Labrouste in the Panthéon district between 1844 and 1851. The two-storey façade bears the names of 810 great figures, while inside, the jewel in its crown is the vast reading room that spans the entire upper storey, divided in two by a line of elegant cast-iron Ionic columns. Labrouste's use of iron, highly innovative in his day, made it possible for him to do without the usual cumbersome masonry. Though renovations were carried out in the 1930s and 1960s, the edifice continues to offer both a rational and poetic reflection of the industrial era.

サント=ジュヌヴィエーヴ図書館、パリ、フランス共和国

Edifiée par Henri Labrouste, place du Panthéon à Paris, entre 1844 et 1851, cette bibliothèque a hérité de la précieuse collection de l'Abbaye Sainte-Geneviève fondée au VIe siècle. La façade à deux niveaux porte les noms graves de 810 personnages célèbres, alors que la vaste salle de lecture, pièce maîtresse de l'édifice, occupe intégralement l'étage supérieur, divisé en deux par de fines colonnes ioniques en fonte. Très innovante à l'époque, cette utilisation apparente du métal par Labrouste lui a permis de se passer de lourds ouvrages de maçonnerie. Malgré plusieurs rénovations, le bâtiment continue d'offrir une interprétation à la fois rationnelle et poétique de l'époque industrielle.

Esta biblioteca parisiense, situada en la plaza del Panteón y construida por Henri Labrouste entre 1844 y 1851, heredó la invaluable colección de la Abadía de Sainte-Geneviève, fundada en el siglo VI. En la fachada de dos pisos están inscritos los nombres de 810 personajes célebres mientras que, en el interior, la joya de la corona es la espaciosa sala de lectura que ocupa toda la planta superior, dividida en dos por elegantes columnas jónicas de hierro fundido. El uso del metal a la vista por parte de Labrouste, que le permitió prescindir de una voluminosa mampostería, fue algo muy innovador en su momento. A pesar de las diversas renovaciones realizadas desde entonces, el edificio sigue representando una interpretación a la vez racional y poética de la era industrial.

ディポシット・デ・レス・アイグェス図書館
Dipòsit de les Aigües Library

ポンペウ・ファブラ大学、バルセロナ、スペイン
設計：ジュイス・クロテット& イグナシオ・パリシオ・アンスアテギ、1999年

　1990年設立のポンペウ・ファブラ大学のキャンパスは、バルセロナの中心部、旧市街と1992年のバルセロナ・オリンピックで整地された区域との間にあります。その中央図書館は、ハイメ1世（アンゴラ王）ビルディングと本棟となるディポシット・デ・レス・アイグェス図書館の二棟で構成され、地下道でつながっています。

　大学の特別なコレクションが所蔵されていて伝統ある本棟は元々、近接するシウタデリャ公園のための貯水庫として建設されたものでした。この貯水庫棟はローマ建築を手本として、ジョゼップ・フォンセレにより1874年に設計されており、当時無名の建築学科の学生であったアントニ・ガウディもアシスタントとして携わっています。

When Pompeu Fabra University was established in 1990, it chose to locate its campus in the heart of Barcelona, between the old town and the district built for the 1992 Olympic Games. Its main library is formed by the Jaume I building and the Dipòsit de les Aigües Library, which are connected by an underpass. The latter, with its atmospheric reading room, houses the university's special collections, but it began life as a reservoir for the nearby Parc de la Ciutadella. Modelled on a Roman prototype, it was designed in 1874 by Josep Fontserè, with some assistance from a then-unknown architecture student, Antoni Gaudí.

ディポシット・デ・レス・アイグェス図書館、ポンペウ・ファブラ大学、バルセロナ、スペイン

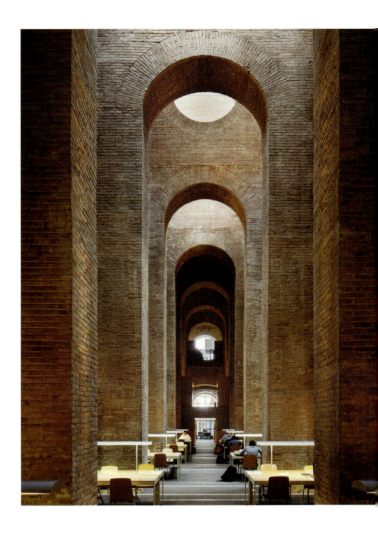

Lorsque l'Université Pompeu Fabra fut établie en 1990, il a été décidé d'implanter son campus en plein centre de Barcelone, à mi-chemin entre le cœur historique de la ville et le nouveau quartier construit pour les Jeux Olympiques de 1992. Sa principale bibliothèque se répartit entre le bâtiment Jaume I et le Dipòsit de les Aigües, reliés entre eux par un passage souterrain. Avec sa salle de lecture propice à l'étude, ce dernier bâtiment abrite désormais les collections spéciales de l'Université, après avoir initialement fait office de bassin annexe au Parc de la Citadelle, tout proche. S'inspirant des modèles de l'architecture romaine, Josep Fontserè conçut ce parc en 1874 avec l'aide d'un étudiant en architecture alors inconnu, Antoni Gaudi.

Cuando se fundó la Universidad Pompeu Fabra en 1990, se decidió establecer su campus en el centro de Barcelona, entre el casco antiguo y el barrio olímpico, construido para las Olimpiadas de 1992. Su principal biblioteca está constituida por el edificio Jaume I y el Dipòsit de les Aigües, conectados entre sí por un paso subterráneo. El segundo, con su evocadora sala de lectura, alberga las colecciones especiales de la universidad pero, en su día, fue un depósito de agua para el cercano Parc de la Ciutadella. Inspirado en un prototipo romano, fue diseñado en 1874 por Josep Fontserè, que contó con la ayuda del estudiante de arquitectura, por entonces desconocido, Antoni Gaudí.

　スパイケニッセのマーケット・スクエアに位置する「ブック・マウンテン」は、最新の環境配慮が施された読書のための記念碑的な建築物です。ガラスと木材によるピラミッド形状の骨組み構造の内側には、さらにマウンテンとして中核となる5階層の閉鎖空間があり、その内部も外部も書架によって埋めつくされています。バルコニーと階段はマウンテンの側面を駆け巡り、その最頂点にある閲覧室とカフェからは街並みを360度見渡すことができます。

　デジタル化の大きな波に直面して、図書館は本やその所蔵空間を探索し、触れ合うことを読者へと呼び掛けています。このブック・マウンテンは夜になると街中を照らす灯火の山にもなるのです。

Located in Spijkenisse's market square, within a new eco-housing development, 'Book Mountain' is a monument to reading. Beneath the glass and timber pyramid shell, a core of closed spaces is surrounded by five storeys of book stacks. Balconies and stairs run around the pyramid's sides, culminating at the apex in a reading room and café with a 360° view of the area. In the face of growing digitisation, the library invites readers to explore and interact with the books, and the space they inhabit, and at night it is an illuminated beacon for the town.

ブック・マウンテン図書館
Book Mountain

スパイケニッセ、オランダ王国
設計：MVRDV、2012年

ブック・マウンテン図書館、スパイケニッセ、オランダ王国

Située sur la place du marché de Spijkenisse, dans un nouveau complexe d'éco-habitats, la 'Book Mountain' est un monument tout entier dédié à la lecture. Sous l'enveloppe pyramidale faite de verre et de bois se dresse un cocon d'espaces clos encerclé d'étagères de livres réparties sur cinq niveaux. Des balcons et des escaliers courent tout le long de l'édifice, de chaque côté de la pyramide, et mènent, en son sommet, à une salle de lecture et un café offrant une vue panoramique de la région. Face à la digitalisation grandissante, la bibliothèque invite le lecteur à explorer et à interagir avec les livres et l'espace qu'ils occupent. La nuit venue, telle un phare, la bibliothèque illumine la ville.

Situada en la plaza del mercado de Spijkenisse, con una nueva evolución de la envoltura ecológica, la «Montaña de Libros» representa un monumento a la lectura. Bajo la estructura piramidal de cristal y madera, un núcleo de espacios cerrados está rodeado de cinco plantas de estanterías de libros. Unas galerías y escaleras recorren los laterales de la pirámide y culminan en el vértice con una sala de lectura y un café que proporcionan unas vistas de 360 grados de la zona. Frente a la creciente digitalización, la biblioteca invita a los lectores a explorar y a interactuar con los libros y el espacio que habitan. De noche, se alza como un faro luminoso para la ciudad.

デルフト工科大学図書館
TU Delft Library

デルフト、オランダ王国
設計：メカノー設計集団、1997年

　デルフト工科大学のブルータリズム様式の講堂の向かい側に図書館を建てることになった際、メカノーの設計者は伝統的な考えにとらわれることなく、傾斜面をつくり図書館を景観に溶け込ませることで、講堂が浮かんでいるような感覚を演出しました。

　図書館の屋根は天然の断熱材としても機能する芝生でおおい公共スペースの機能をもたせています。そして最も際立った特徴はなだらかな丘のような芝生の屋根におかれたスチール製の円すいのタワーで、その内部のらせん階段は4階建ての閲覧室へと来訪者を導きます。その下にある2階層のフロアには鮮やかなエレクトリック・ブルーの壁一面にそって書架が並んでいるのです。

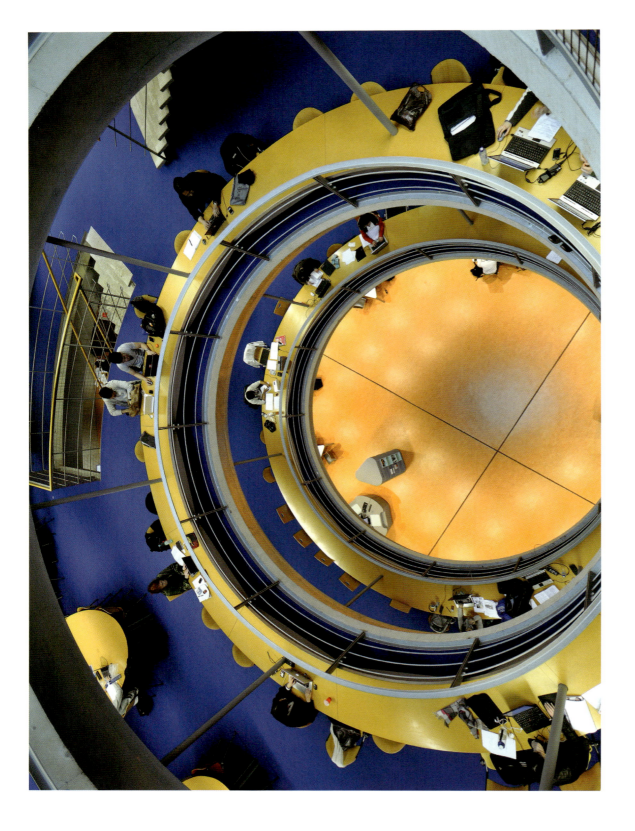

When designing the library to sit opposite TUD's brutalistic auditorium, Mecanoo decided not to complement it in a traditional sense, but to create a sloped plane, which inserts the library into the landscape and creates the sense that the former is floating. The library's roof is covered with grass, which serves as natural insulation and additional public space, but its most distinguishing feature is the steel cone that appears to pin down the grass roof. A spiral staircase within this leads to four storeys of reading rooms, and on two lower levels, the stacks are suspended along one electric-blue wall.

Au moment de concevoir la bibliothèque qui devait faire face au style brutaliste de l'auditorium de la TUD, Mecanoo abandonna l'idée de tout prolongement au sens conventionnel du terme pour créer un plan incliné qui insère naturellement la bibliothèque dans le paysage et donne l'impression d'un bâtiment en apesanteur. La toiture de la bibliothèque, recouverte d'herbe, fait office d'isolant naturel tout en aménageant un espace public supplémentaire. Cependant, l'ouvrage frappe surtout par le cône en acier qui semble épingler le toit d'herbe. A l'intérieur, un escalier en spirale distribue l'espace entre quatre niveaux de salles de lecture et deux autres niveaux inférieurs où les étagères sont suspendues le long d'un mur bleu électrique.

デルフト工科大学図書館、デルフト、オランダ王国

Al diseñar esta biblioteca frente al auditorio brutalista del TUD, Mecanoo decidió no ejecutarla en un sentido tradicional sino crear un plano inclinado que insertara la biblioteca en el paisaje y diera la sensación de que estaba flotando. El tejado de la biblioteca está cubierto de hierba, que sirve de aislante natural y ofrece un espacio público adicional, pero su característica más distintiva es el cono de acero que parece clavarse en el tejado de hierba. Una escalera en espiral en su interior conduce a cuatro plantas de salas de lectura y a dos niveles inferiores. Las estanterías están suspendidas a lo largo de una pared de color azul eléctrico.

ヨハネス・ア・ラスコ図書館
John a Lasco Library

エムデン、ドイツ連邦共和国
設計：ヨヘン・ブンゼ、1995年

16世紀半ば、エムデンはポーランドの貴族でもあったヨハネス・ア・ラスコ牧師による宗教改革の重要な拠点でした。ドイツ北西部のカルバン主義者の母教会であった後期ゴシック様式の巨大な教会は、1943年に米英軍の爆撃により深刻な被害を受け、外壁とアーケードを残すのみとなってしまいました。

なんとその廃墟は新しい図書館の建物に組み込まれることが決まった1990年代前半まで、そのまま半世紀近くも放置されていたのです。図書館は敷地空間でおよそ3000平方メートル、改築による複層空間にして1万3000立方メートルとなり、その前衛的な構造は堂々としつつも美しい調和を持って今なお残された歴史的な廃虚部分との対比をなしています。

In the mid-sixteenth century, Emden was an important centre for the Protestant Reformation, under the pastorship of Polish nobleman John a Lasco. In 1943, its late-Gothic Great church, the mother church of the Calvinists of north-west of Germany, was severely damaged by bombs, leaving only the outer walls and arcades. The ruin remained untouched until the early 1990s, when it was decided to incorporate it into a new library building. The library has approximately 3,000 square metres of actual space and 13,000 cubic metres of renovated space, and the modern architecture contrasts openly and harmoniously with the historical ruins.

ヨハネス・ア・ラスコ図書館、エムデン、ドイツ連邦共和国

Au milieu du seizième siècle, Emden était un important lieu de la Réforme protestante, sous le pastorat de Jean de Lasco, réformateur polonais d'origine noble. En 1943, les bombardements ont quasiment détruit la Grande Eglise d'Emden, mère de l'église des calvinistes du Nord-Ouest de l'Allemagne, construite dans le style du gothique tardif, dont il ne restait que les murs extérieurs et les arcades. Les ruines sont demeurées en l'état jusqu'au début des années 90, après qu'il ait été décidé de les intégrer dans une nouvelle bibliothèque. Le bâtiment s'étend sur près de 3 000 mètres carrés et intègre 13 000 mètres cubes d'espace restauré. Le contraste entre l'architecture moderne et les ruines historiques traduit un parti pris audacieux mais non moins harmonieux.

A mediados del siglo XVI, Emden constituía un centro importante de la Reforma Protestante, bajo el mandato pastoral del noble polaco Johannes a Lasco. En 1943, su gran iglesia gótica tardía, la madre iglesia de los calvinistas del noroeste de Alemania, fue gravemente dañada por las bombas que dejaron en pie solo los muros y las arcadas. Las ruinas siguieron intactas hasta principios de la década de 1990 cuando se decidió incorporarlas al nuevo edificio de la biblioteca. La biblioteca ofrece aproximadamente 3.000 metros cuadrados de espacio real y 13.000 metros cúbicos de espacio renovado. La arquitectura moderna contrasta abierta y armoniosamente con las ruinas históricas.

ヴェンラ図書館＆文化センター
Vennesla Library and Culture House

ヴェンラ、ノルウェー王国
設計：ヘレン＆ハルト、2011年

2005年、ヴェンラの自治体は図書館を街の中心部へ移転し、文化的拠点を作るべく既存のコミュニティや教育施設と結び付けることを決定しました。その新しい図書館最大の特徴は、27本の組立集成木材によるろっ骨状の骨組みで支えられた天井です。

その骨組みは図書館の様々な空間や屋根の形状を特徴づけ、その空間になじませたデザインの書架や座席などの家具の一部として1階フロアから館内中につながり、徐々に変化していきます。独特な「クジラの骨格」構造とふんだんなガラス材の使用が、この明るく印象的で、都市構造の一部となっている図書館を形作っているのです。

In 2005, the Municipality of Vennesla decided to relocate its library to the city centre, linking it with existing community and educational facilities to create a cultural hub. The new library's most distinguishing feature is its ceiling, comprised of twenty-seven prefabricated glued-laminated timber ribs. The ribs gradually shift throughout the interior to inform the library's different spaces and the geometry of the roof, before joining with the ground floor as furniture, accommodating stacks and seating. The distinctive 'whale-skeleton' structure and generous use of glass make this a bright, striking library that has become part of the urban fabric.

En 2005, la municipalité de Vennesla a décidé de relocaliser sa bibliothèque au centre-ville, en la reliant aux espaces communautaires et éducatifs déjà en place pour aménager un vaste carrefour culturel. La nouvelle bibliothèque surprend par son plafond, composé de vingt-sept arrêtes préfabriquées en bois lamellé-collé, qui délimitent progressivement sur toute la longueur intérieure des espaces distincts et structurent la géométrie du toit, avant de se rejoindre au rez-de-chaussée sous forme de mobilier intégré aménageant des étagères et des sièges. La structure atypique rappelant l'ossature d'une baleine et l'usage généreux de verre font de cet édifice une bibliothèque lumineuse et surprenante devenue indissociable du paysage urbain.

ヴェンラ図書館&文化センター、ヴェンラ、ノルウェー王国

En 2005, el municipio de Vennesla decidió trasladar su biblioteca al centro de la ciudad, vinculándola con las infraestructuras educativas y comunitarias existentes a fin de crear un núcleo cultural. La característica más distintiva de la nueva biblioteca es su techo, que consta de veintisiete costillas de madera prefabricadas laminadas y encoladas. Las costillas cambian gradualmente en el interior para conformar los distintos espacios de la biblioteca y la geometría del tejado, antes de unirse con la planta baja en forma de mueble, donde se alojan estanterías y asientos. La singular estructura de «esqueleto de ballena» y el uso generoso del cristal la convierten en una biblioteca luminosa y llamativa que ha pasado a formar parte del tejido urbano.

チューリッヒ大学法学部図書館
Library of the Faculty of Law

チューリッヒ大学、スイス連邦
設計：サンティアゴ・カラトラヴァ、2004年

建築家ヘルマン・フィーツが1909年に手掛け、かつては大学の化学学部が置かれていた建物の内部と中庭に新しい図書館を設計する際、旧館の建築デザインへ敬意を払うことは最優先事項でした。ルネサンス期およびバロック期の図書館にインスピレーションを受け、設計者カラトラヴァは外観にほとんど手を加えることなく、図書館をまるで家具の一部であるかのように組み込んでみせたのです。

中に入ると、人々の視線は2階から8階まで吹き抜けとなった左右非対称かつ楕円形のアトリウムを見上げます。そして囲む鮮やかな木材の通路によって、上方へと引き上げられてしまいます。その先にある屋根には1年を通して熱や光を和らげるガラス製のドームがかけられています。収蔵書籍は各階に整然と陳列されている一方で、新しい図書館はまるで旧館と中庭に覆いかぶさっているかのようです。

When designing a new library for the courtyard of Fietz's 1909 building, which previously housed the chemistry department, respect for the original building was paramount. Inspired by libraries of the Renaissance and Baroque periods, Calatrava inserted the library like a piece of furniture, barely impacting the exterior. Upon entering, one's eyes are immediately drawn upwards to the bright timber galleries, which surround an asymmetric elliptic atrium, reaching from the first floor to the seventh. It is roofed with a glass cupola which tempers the heat and light throughout the seasons. The books are clearly displayed, while the library appears to hover over the courtyard.

チューリッヒ大学法学部図書館、チューリッヒ大学、スイス連邦

La conception d'une nouvelle bibliothèque dans le bâtiment de la cour de Fietz, de 1909, qui abritait précédemment la faculté de chimie, se devait à tout prix de respecter la structure initiale. Inspiré par les bibliothèques des époques Renaissance et Baroque, Calatrava a conçu son ouvrage comme une pièce du mobilier existant, sans incidences ou presque sur l'extérieur. Dès l'entrée, le regard du visiteur est immédiatement attiré vers le haut par les galeries en bois clair encerclant un atrium en forme d'ellipse asymétrique, qui s'élève du premier au septième niveau. L'édifice est recouvert d'une cupule vitrée qui tempère la chaleur et tamise la lumière au gré des saisons. Les livres sont clairement exposés, alors que la bibliothèque semble planer au-dessus de la cour.

Al diseñar una nueva biblioteca para el patio del edificio de 1909 de Fietz, en el que anteriormente se encontraba el departamento de química, el respeto por el edificio original era una cuestión fundamental. Inspirándose en las bibliotecas renacentistas y barrocas, Calatrava la insertó como si de un mueble se tratara, lo que apenas supuso un impacto para el exterior. Tras entrar en ella, la mirada se dirige de inmediato hacia arriba a las galerías de madera clara que rodean un atrio elíptico y asimétrico, que llega desde el primer piso hasta el séptimo. Está techada con una cúpula acristalada que atenúa el calor y la luz a lo largo de las estaciones. Los libros están claramente expuestos, mientras que la biblioteca parece planear sobre el patio.

2011年、シュトゥットガルト市立中央図書館(1901年創立)は、その業務の中心を土地利用の観点から前途有望なマイレンダー広場へと移転しました。新しい9階建ての図書館は灰色のコンクリートや艶消しガラスによる飾り気のない外装と、明るくゆったりとした中心部を囲むガラス製の内部構造という、2つの外観を持っています。

ここでは本や閲覧者たちのみが色彩をもたらす存在であり、また中央のガラス屋根から差し込む光は1階の噴水に反射して、図書館を瞑想的な空間であるかように演出します。余計な装飾をすべて省いたミニマリスト(最小限主義者)の殿堂は、その実、紙の本に与えられるべき敬意を表しつつ内省的かつ民主的な場となっています。

In 2011, the Stuttgart City Library (founded in 1901) relocated its central operation to the up-and-coming district of Mailänder Platz. The new nine-storey library has a double façade; an austere exterior of grey concrete and frosted glass, and an inner shell of glass, surrounding a bright and spacious heart. Here, books and readers provide the colour, and a central roof light is reflected in a ground-floor fountain, asserting the library as a meditative space. A minimalist Pantheon, it is an introverted and democratic place that shows due reverence to the physical book.

En 2011, La bibliothèque municipale de Stuttgart (fondée en 1901) a relocalisé son centre opérationnel dans le nouveau quartier de Mailänder Platz. La nouvelle bibliothèque construite sur neuf étages se distingue par une double façade ; un cadre extérieur austère en béton gris dans lequel viennent s'encastrer des verres dépolis dissimule une enveloppe intérieure vitrée, qui encercle un cœur lumineux et spacieux. Ici, les livres et les lecteurs apportent des touches de couleur, alors que la lumière centrale émise par la verrière zénithale se reflète dans une fontaine au rez-de-chaussée, dégageant une atmosphère propice à la méditation. A l'instar d'un panthéon minimaliste, la bibliothèque offre un lieu introverti et démocratique bâti à la gloire du Livre.

En 2011, la Biblioteca Municipal de Stuttgart (fundada en 1901) trasladó su sede central al vecino barrio de Mailänder Platz. La nueva biblioteca de nueve plantas presenta una doble fachada, un exterior austero de hormigón gris y cristal esmerilado, y una estructura interior acristalada, que rodea un centro luminoso y espacioso. Aquí, los libros y los lectores son los que proporcionan el colorido, y una claraboya central se refleja en la fuente de la planta baja, lo que reafirma la biblioteca como espacio de meditación. Cual panteón minimalista, constituye un lugar introvertido y democrático que muestra el debido respeto al libro físico.

シュトゥットガルト市立中央図書館
Stuttgart City Library

シュトゥットガルト、ドイツ連邦共和国
設計：イ・アーキテクツ、2011年

シュトゥットガルト市立中央図書館、シュトゥットガルト、ドイツ連邦共和国

ザンクト・ガレン修道院図書館
Abbey Library of St Gall

ザンクト・ガレン、スイス連邦
設計：ペーター・サム、1767年

　719年に聖オトマールによって創立されたガレン大修道院は、その前の世紀にアイルランドの修道士である聖ガルスによって創立された僧院へと、その起源をたどることができます。その後の宗教改革による混乱の後、そこに属した職人たちは大修道院をバロック様式へと改修しましたが、1798年にフランス軍から攻撃を受けたことで、修道士たちは図書館の貴重な所蔵物を持って避難したそうです。

　大修道院は1805年に解散しましたが、この図書館は保存対象となることが決定されました。その内装は木材や装飾しっくいのスタッコ、そして「魂のサナトリウム」にふさわしい場面を描写したフレスコ画が調和した贅沢なものです。この修道院図書館は1983年にユネスコの世界遺産へと登録されました。

Founded in 719 by St Othmar, the abbey can trace its origins to a hermitage set up by the Irish monk Gall in the previous century. After the disruption of the Reformation, the monastery's own craftsmen remodelled the abbey in the Baroque style, but in 1798 it was attacked by French soldiers and the monks fled, taking with them the library's precious collection. The monastery was dissolved in 1805, but it was decided to preserve the library. Its interior is a rich mix of wood, stucco, and frescoes depicting scenes befitting this 'Sanatorium of the Soul'. The abbey became a UNESCO World Heritage site in 1983.

Fondée en 719 par Saint Othmar, l'abbaye tire son origine de l'ermitage établi par le moine irlandais Gall, le siècle précédent. Après les perturbations de la Réforme, les artisans du monastère entreprirent eux-mêmes de refaçonner l'abbaye dans le style baroque. Attaqués par l'armée française en 1798, les moines s'enfuirent emportant avec eux la précieuse collection de la bibliothèque. Le monastère fut détruit en 1805. Il fut cependant décidé d'en préserver la bibliothèque, dont l'intérieur est somptueusement décoré de boiseries, de stuc et de fresques représentant d'humbles scènes adaptées de ce 'Sanatorium de l'âme'. L'abbaye a été inscrite au patrimoine mondial en 1983.

ザンクト・ガレン修道院図書館、ザンクト・ガレン、スイス連邦

Fundada en 719 por San Otmaro, la abadía puede remontar sus orígenes a una ermita construida por el monje irlandés Galo en el siglo anterior. Tras la interrupción de la Reforma, los propios artesanos del monasterio remodelaron la abadía en estilo barroco pero en 1798 fue atacado por soldados franceses, lo que provocó la huida de los monjes que se llevaron con ellos la valiosa colección de la biblioteca. El monasterio se disolvió en 1805 pero se decidió conservar la biblioteca. Su interior presenta una espléndida combinación de madera, estucos y frescos que representan unas sencillas escenas apropiadas para este «Sanatorio del alma». La abadía fue declarada Patrimonio de la Humanidad en 1983.

ラウレンツィアーナ図書館
Laurentian Library

フィレンツェ、イタリア共和国
設計：ミケランジェロ・ブオナローティ、1571年

　ラウレンツィアーナ図書館はローマ教皇クレメンス7世により、彼の家系であるメディチ家の復活をフィレンツェやイタリアの上流階級へと伝えるために依頼がなされた建物です。サン・ロレンツォ教会内に建てられており、彫刻家にして建築家のミケランジェロによって1523年に設計されました。

　後の1534年にミケランジェロがフィレンツェを去った後も、彼が残した設計図によりトリボロやヴァザーリ、アンマナーティなどによって作業は継続されました。設計からほぼ50年の後、ようやく図書館は完成したのです。

　革新的な空間の使い方すなわち極めて手間のかかった階段を配した玄関部の存在によって、図書館はミケランジェロが手掛けた最高の建築作品と見なされていますが、同時に様式と技巧にのみ頼ったマニエリスムの典型例として手厳しい評価もされています。

La Biblioteca Laurenciana fue encargada por el papa Clemente VII para reflejar el ascenso de su familia, los Médicis, al rango de la élite. Situada en la basílica de San Lorenzo, fue diseñada por Miguel Ángel en 1523. Ya en 1534, cuando Miguel Ángel dejó Florencia, las obras prosiguieron, siguiendo los planos del arquitecto, bajo el mando de Tribolo, Vasari y Ammannati. Finalmente, se completó después de casi cincuenta años. Debido a su revolucionario uso del espacio, en particular, en el vestíbulo con su compleja escalera, está considerada como la obra arquitectónica más importante de Miguel Ángel y como un rotundo prototipo del manierismo.

The Laurentian Library was commissioned by Pope Clement VII to convey the ascent of his family, the Medicis, to the ranks of the elite. Situated in the Basilica of St Lawrence, it was designed by Michelangelo in 1523. After 1534, when Michelangelo left Florence, the work was taken over, using the architect's plans, by Tribolo, Vasari, and Ammannati. It was finally completed almost fifty years later. Because of its revolutionary use of space – particularly in the vestibule, with its complex staircase – it is considered Michelangelo's greatest architectural work, and it is roundly regarded as a prototype of mannerism.

La Bibliothèque Laurentienne fut commandée par le Pape Clément VII, désireux d'ériger l'ascension de sa famille, les Médicis, au rang d'élite. Située dans l'enceinte du monastère San Lorenzo, la bibliothèque a été conçue par Michel-Ange en 1523. En 1534, lorsque Michel-Ange quitta Florence, les travaux furent respectivement poursuivis, selon les plans de l'architecte, par Tribolo, Vasari, et Ammannati, pour finalement s'achever près de cinquante ans plus tard. En raison de l'utilisation révolutionnaire de l'espace, notamment dans le vestibule, avec son escalier complexe, l'édifice est considéré comme le chef-d'œuvre architectural de Michel-Ange, jugé carrément précurseur du maniérisme.

アンナ・アマリア大公妃図書館
Duchess Anna Amalia Library
ワイマール、ドイツ連邦共和国
設計：不明、ワルサー・グリュンワルドにより修復、1776年

この建物の歴史ははるか昔、1552年にまで遡ることができますが、16世紀にかつての宮殿「緑の館」であった現在の場所へと図書館が移されたのは1766年のことでした。2004年には壊滅的な火災が発生したことで上階が消失してしまい、修復された建物は2007年に再公開されました。

現在の蔵書数は約100万冊となっており、機能的な装飾を持つ特別閲覧室が吹き抜けの4層に設けられています。これは、華麗な装飾で有名なロココ調のホールとまったく対称的なものとなっており、1998年にはユネスコの世界遺産へと登録されました。

The history of this library reaches back as far as 1552, although it has resided at its current site, in the sixteenth-century Grünen Schloss, since 1766. In 2004, a devastating fire broke out and destroyed the upper floors. The restored building was re-inaugurated in 2007. Today, the collection encompasses around 1 million volumes, and a special reading room has been created under the roof, its functional decor in sharp contrast to the famous Rococo Hall. It became a UNESCO World Heritage Site in 1998.

L'origine de cette bibliothèque remonte à 1552, bien que son emplacement actuel, dans le Grünen Schloss (petit château vert) du seizième siècle, date de 1766. Les niveaux supérieurs de la bibliothèque furent entièrement détruits en 2004 par un incendie dévastateur. Restauré, l'édifice a rouvert ses portes en 2007. Aujourd'hui, la collection comprend près d'un million de volumes. Spécialement aménagée sous le toit, la salle de lecture, avec son décor fonctionnel, offre un contraste saisissant avec le célèbre hall d'inspiration rococo. La bibliothèque a été inscrite au patrimoine mondial de l'UNESCO en 1998.

La historia de esta biblioteca se remonta al año 1552, aunque lleva en su emplazamiento actual, en el castillo Grünen Schloss del siglo XVI, desde 1766. En 2004, se declaró un incendio devastador que destruyó las plantas superiores. El edificio restaurado se volvió a inaugurar en 2007. En la actualidad, la colección abarca alrededor de un millón de volúmenes y se ha creado una sala de lectura especial bajo el tejado, cuya decoración funcional contrasta vivamente con la famosa Sala Rococó. Fue declarada Patrimonio de la Humanidad de la UNESCO en 1998.

アンナ・アマリア大公妃図書館、ワイマール、ドイツ連邦共和国

ルッケンヴァルデ公共図書館
Luckenwalde Library

ルッケンヴァルデ、ドイツ連邦共和国
設計：FFアーキテクテン&マルティナ・ロンナ、2008年

ベルリンとドレスデンとを結ぶ鉄道路線上に位置する地方都市ルッケンヴァルデは、20世紀初頭にいくつかの産業の中心地となりました。そして21世紀になってユーロ連合の都市化プログラムの資金援助を受けることになった時に、文化遺産として保護されていた古い駅舎を公共図書館へと転換し、子供たちと若者向けセクションの増築を決定したのです。

建築家たちは増築部分を抽象彫刻のように構想しました。目を引く外観は昔ながらの隣接部からほとんど引き離されているように感じられ、また銅とアルミニウムの合金による金の屋根は、光や天候の変化によって表面にさまざまな表情を浮かべています。

Situéе sur la ligne ferroviaire qui rallie Berlin à Dresde, la ville de Luckenwalde est devenue un véritable centre industriel au début de vingtième siècle. Inscrite au programme URBAN subventionné par l'Union européenne en ce début de vingt-et-unième siècle, la ville a décidé de transformer l'ancienne gare inscrite à son patrimoine en une bibliothèque municipale, en y annexant une extension destinée à la section enfants et jeunes publics. Les architectes ont conçu cette annexe comme une sculpture abstraite, qui frappe par son aspect extérieur semblant presque se détacher de son cadre plus conventionnel. Les écailles dorées en alliage cuivre-aluminium créent une surface chatoyante dont les reflets changent au gré de la luminosité et du temps.

Luckenwalde's location on the Berlin–Dresden railway line made it a centre of industry in the early twentieth century, so when it received EU URBAN sponsorship in the early twenty-first century, it was decided to convert the heritage-protected railway building into the town library, adding a new annex to house the children's and young people's section. The architects envisioned this annex as an abstract sculpture; its striking exterior almost seems to be pulling away from its traditional neighbour, and the gold shingles of copper-aluminium alloy create a shimmering surface that changes with the light and the weather.

El emplazamiento de Luckenwalde en la línea ferroviaria de Berlín a Dresde convirtió a esta localidad en un centro industrial a comienzos del siglo XX por lo que, al recibir el patrocinio EU URBAN a principios del siglo XXI, se decidió transformar el edificio protegido de la estación de ferrocarril en biblioteca municipal y se añadió un nuevo anexo para acoger la sección infantil y juvenil. Los arquitectos concibieron este anexo como una escultura abstracta; su llamativo exterior parece casi estar tirando de su tradicional vecino y las placas doradas de una aleación de cobre y aluminio crean una superficie brillante que cambia con la luz y el tiempo.

ブラックダイアモンド、デンマーク王立図書館
The Black Diamond, Royal Library of Denmark

コペンハーゲン、デンマーク王国
設計:シュミット・ハマー・ラッセン、1999年

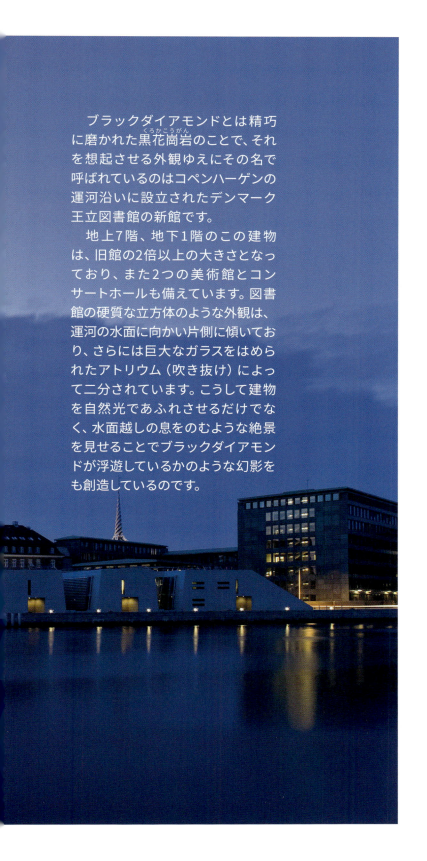

ブラックダイアモンドとは精巧に磨かれた黒花崗岩（くろかこうがん）のことで、それを想起させる外観ゆえにその名で呼ばれているのはコペンハーゲンの運河沿いに設立されたデンマーク王立図書館の新館です。

地上7階、地下1階のこの建物は、旧館の2倍以上の大きさとなっており、また2つの美術館とコンサートホールも備えています。図書館の硬質な立方体のような外観は、運河の水面に向かい片側に傾いており、さらには巨大なガラスをはめられたアトリウム（吹き抜け）によって二分されています。こうして建物を自然光であふれさせるだけでなく、水面越しの息をのむような絶景を見せることでブラックダイアモンドが浮遊しているかのような幻影をも創造しているのです。

Le Diamant noir, ainsi appelé en raison de son enveloppe extérieure en granite noir poli, est une extension moderne, à fleur d'eau, de la Bibliothèque royale du Danemark. Erigé en sept étages au-dessus d'un sous-sol, le bâtiment a plus que doublé le volume de la bibliothèque, et héberge également deux musées et une salle de concert. Oblique d'un côté, le cube formé par la bibliothèque s'avance en direction de l'eau. Il est coupé en deux par un vaste atrium vitré qui inonde l'édifice de lumière naturelle. La vue exceptionnelle qu'il offre sur l'eau donne en outre l'impression d'un Diamant noir en apesanteur.

The Black Diamond, so called because of its highly polished black granite exterior, is a modern waterfront extension to the Royal Library of Denmark. Standing at seven storeys over a basement, it has more than doubled the library's size, and also houses two museums and a concert hall. The library's solid cube shape leans to one side, and towards the water, and is divided in two by a vast glazed atrium. As well as flooding the building with natural light, this provides stunning views over the water, and creates the illusion that the Black Diamond is floating.

El Diamante Negro, llamado así por su brillante exterior de granito negro, constituye una moderna ampliación, a orillas del mar, de la Real Biblioteca de Dinamarca. Con siete plantas y un sótano, ha más que duplicado el tamaño de la biblioteca. En ella tienen cabida, igualmente, dos museos y una sala de conciertos. La forma de cubo macizo de la biblioteca se inclina lateralmente hacia el agua. Un amplio atrio de cristal divide el edificio en dos. A la vez que inunda el edificio de luz natural, proporciona unas asombrosas vistas marítimas, dando la impresión de que el Diamante Negro está flotando.

ブラックダイアモンド、デンマーク王立図書館、コペンハーゲン、デンマーク王国

ブラックダイアモンド、デンマーク王立図書館、コペンハーゲン、デンマーク王国

ハルムスタッド市立図書館
Halmstad City Library

ハルムスタッド、スウェーデン王国
設計：シュミット・ハマー・ラッセン、2006年

ニッサン川に接した公園区画にあり、歴史的な街の中心部を見渡すハルムスタッド市立図書館のあらゆる要素は、その立地へ敬意を払って考案されています。

コンクリートやガラス、北欧産のカラマツ材による床張りといったありふれた材料が、明るく開放的な空間を形作っているのです。3階建てのすべてを結んでいるアトリウム（吹き抜け）は優美な栗の木を取り囲み、湾曲したガラス製のファサード（正面玄関）は図書館に光を溢れ

Set in parkland on the River Nissan, overlooking the historic city centre, every element of Halmstad's City Library has been considered with respect to its location. Simple materials – concrete, glass and Nordic larch flooring – form a bright and open space; the atrium, linking all three storeys, encircles a statuesque chestnut tree, and the long, concave glass façade floods the library with light and immerses it in nature. This theme continues externally, where a forest of columns raises the library above street level and out across the water.

Sur les berges du fleuve Nissan, dans le parc qui surplombe le centre-ville historique, la bibliothèque municipale de Halmstad a été pensée dans les moindres détails pour s'insérer harmonieusement dans son cadre. Le choix de matériaux simples, béton, verre et parquets en mélèze nordique, forme un espace lumineux et ouvert ; l'atrium, qui assure la liaison entre les trois niveaux, encercle un châtaigner sculptural, alors que la façade vitrée oblongue, de forme concave, inonde de lumière la bibliothèque, immergée en pleine nature. Le concept se prolonge vers l'extérieur où une forêt de colonnes surélève la bibliothèque au-dessus du niveau de la rue pour dominer l'étendue fluviale.

Situada en el parque del río Nissan, y con vistas al centro histórico de la ciudad, todos los elementos de la Biblioteca Municipal de Halmstad se han tenido en cuenta con respecto a su ubicación. Unos materiales sencillos (hormigón, cristal y revestimiento para suelos de alerce nórdico) conforman un espacio brillante y abierto; el atrio, que une los tres niveles, rodea un castaño escultural. La fachada acristalada grande y cóncava inunda la biblioteca de luz y la sume en plena naturaleza. Esta idea prosigue en el exterior, donde un bosque de columnas eleva la biblioteca sobre el nivel de la calle y sobre el agua.

ハルムスタッド市立図書館、ハルムスタッド、スウェーデン王国

グリム兄弟にちなんで名付けられたこの図書館は、高さの異なる二棟の建物で構成されています。一棟目は周囲のベルリンの建築物と調和しており、38メートルの高さを持つ二棟目は、公式なランドマークとしての図書館の存在を主張しているのです。

建物のおごそかな外観には、書架列の広さに比べると狭いのですが作業場の窓としては広い窓ガラスが整然と並んでいます。屋内ではガラス製の天井の下に展開したアトリウム（吹き抜け）が、桜材製のバルコニーをもつ5階層のフロアで囲まれています。その均整がとれつつも淡々とした素材使いが、静かなリズム感を漂わせ落ち着いた雰囲気を作り出しているのです。

Named after the Brothers Grimm, this library is comprised of two components of differing heights: the first blends in with the surrounding Berlin architecture, and the second, at 38 metres, asserts the library as a public landmark. Its stern exterior is interrupted by the contrasting rhythm of the windows – narrow for bookshelves, wider at workstations. Internally, an atrium with a glass roof is enveloped by five storeys of cherrywood terraces. The symmetry and the sparse use of materials create a peaceful atmosphere; the quiet sense of rhythm pervades.

ヤーコプ&ヴィルヘルム・グリム・センター
Jacob and Wilhelm Grimm Centre

フンボルト大学、ベルリン、ドイツ連邦共和国
設計：マックス・ドゥドラー、2009年

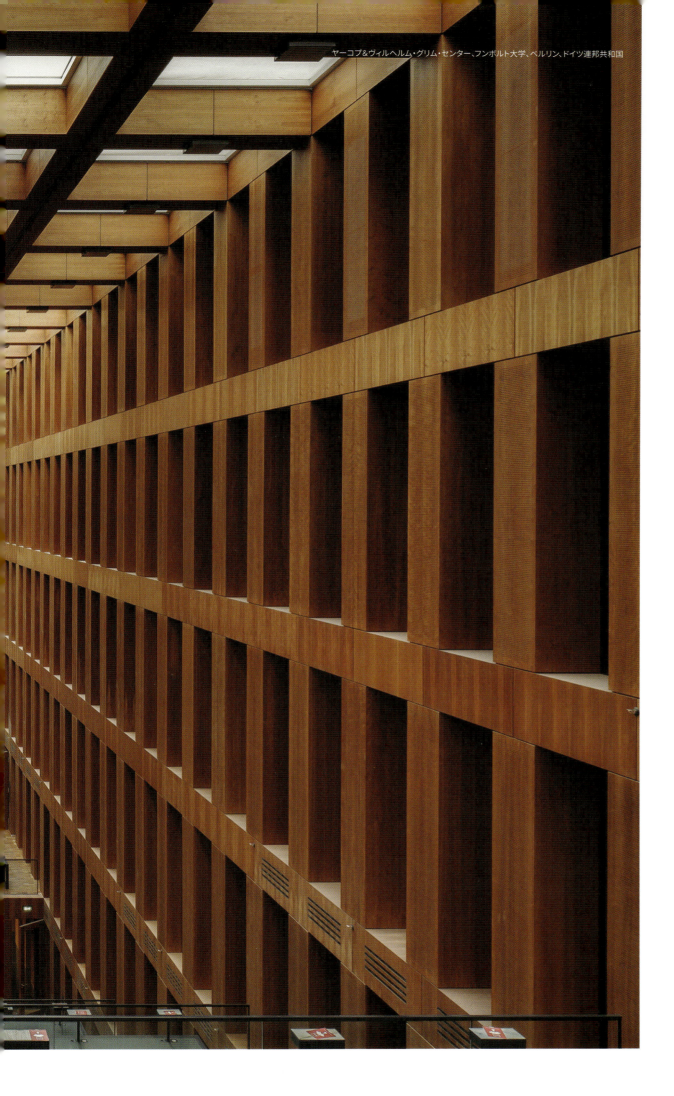

ヤーコプ&ヴィルヘルム・グリム・センター、フンボルト大学、ベルリン、ドイツ連邦共和国

Baptisée d'après le nom des frères Grimm, cette bibliothèque s'organise autour de deux blocs de hauteur différente : si le premier se fond dans l'architecture berlinoise attenante, le second, à 38 mètres de haut, impose l'édifice comme une véritable référence du génie civil. L'aspect austère de l'extérieur est rythmé par les lignes contrastées que forment les rangées de fenêtres, étroites pour les étagères et plus larges pour les postes de travail. L'enceinte intérieure du bâtiment avec sa toiture vitrée est encerclée par des terrasses en bois de cerisier sur cinq niveaux. La symétrie et l'emploi minimaliste de matériaux confère au lieu une atmosphère paisible tout entière empreinte du rythme régulier imprimé par les lignes architecturales.

Esta biblioteca, que lleva el nombre de los hermanos Grimm, presenta dos componentes a distintas alturas: el primero armoniza con la arquitectura berlinesa circundante y el segundo, a 38 metros de altura, reafirma la biblioteca como punto de referencia público. Su severo exterior se ve interrumpido por el ritmo contrastado de las ventanas: estrechas para las estanterías de libros y más amplias para los puestos de trabajo. En el interior, cinco plantas de terrazas de madera de cerezo rodean un atrio con un techo acristalado. La simetría y el uso escaso de materiales crean un ambiente tranquilo en el que predomina el silencioso sentido del ritmo.

第二次世界大戦終結後、ベルリンにおける知的生活の中心的役割を担っている自由大学は、まさにベルリンという街を象徴する組織の1つです。文献学部のための新しい図書館は、大学の中庭6つを結びつけることによって創出された場所に位置しています。

　その4層からなる建物は、大きなバブル形状の外壁構造と直射日光を和らげる半透明のガラス繊維フィルター製の内膜で構成され独自の自然換気システムをもち、閲覧者の集中力をもたらすのに最適な環境を実現しています。建築物としてもランドマークとなっており、すでに「ベルリンの頭脳」という別の呼び名をもった名所となっています。

Occupying a central role in the intellectual life of Berlin since the end of the Second World War, the Free University is one of the city's most symbolic institutions. The new library for the Faculty of Philology occupies a site created by uniting six of the university's courtyards. Its four storeys are contained within a naturally ventilated, bubble-like enclosure, and an inner membrane of translucent glass fibre filters the daylight, creating the optimum atmosphere for concentration. The library has become an architectural landmark, already earning the nickname 'The Berlin Brain'.

文献学図書館
Philological Library

ベルリン自由大学、ドイツ連邦共和国
設計：フォスター＋パートナーズ、2005年

Occupant une place de premier ordre dans la vie intellectuelle berlinoise depuis la fin de la Seconde guerre mondiale, l'Université libre est l'une des institutions les plus emblématiques de la ville. La nouvelle bibliothèque destinée à la Faculté de philologie se dresse sur un site qui relie six des cours de l'université. La bibliothèque se déploie sur quatre niveaux enveloppés dans une structure ovoïde ventilée de manière naturelle. La membrane intérieure en fibres de verre translucides laisse filtrer la lumière du jour pour créer une atmosphère idéalement propice à la concentration. La bibliothèque s'impose aujourd'hui comme une œuvre maîtresse de l'architecture berlinoise, déjà affublée du sobriquet de 'Cerveau de Berlin'.

文献学図書館、ベルリン自由大学、ドイツ連邦共和国

La Universidad Libre ha desempeñado un papel fundamental en la vida intelectual de Berlín desde el final de la Segunda Guerra Mundial y representa una de las instituciones más simbólicas de la ciudad. La nueva biblioteca de la Facultad de Filología ocupa una sede que se creó al unir seis de los patios de la universidad. Sus cuatro plantas están contenidas en un envoltorio en forma de burbuja, que cuenta con ventilación natural. Una membrana interna de fibra de vidrio translúcida filtra la luz del día, lo que crea un ambiente óptimo para la concentración. La biblioteca se ha convertido en una referencia arquitectónica, que ya se ha ganado el apodo de «El cerebro de Berlín».

ストラホフ修道院図書館
Strahov Monastery Library

プラハ、チェコ共和国
設計：ジョヴァンニ・ドメニコ・オルシ、1679年
ヤン・イグナーツ・パッラーディ、1797年

プラハの中心部ストラホフのプレモントレ会修道院は1149年に創設されました。その図書館はその後500年間にわたって多くの騒乱をくぐり抜け、1618年にボヘミアから始まった新旧キリスト教徒による三十年戦争の後には、新たに神学の間が設けられました。さらに18世紀後半には蔵書の増加に対応するために哲学の間も加えられました。

バロック様式で装飾された神学の間の書架には、金色に塗られた木製の神聖文字、カルトゥーシュの模様が刻まれています。また、初期の新古典主義建築である哲学の間（1797年）には、さらに多くの蔵書を利用したり、天井の荘厳なフレスコ画を間近で見ることができるギャラリーにつながるらせん階段が隠されています。

ストラホフ修道院図書館、プラハ、チェコ共和国

Strahov Premonstratensian Monastery was founded in 1149. Its library endured a number of disturbances over the following five hundred years, but after the Thirty Years' War, it was established in the new Theological Hall. In the late eighteenth century, the Philosophical Hall was added to accommodate the growing collection. The stacks of the Baroque Theological Hall are topped with gilded wooden cartouches. In the early classical Philosophical Hall (1797) hidden spiral staircases lead to a gallery which allows access to the higher volumes, and a closer look at the majestic fresco.

Le couvent de l'ordre des Prémontrés de Strahov a été fondé en 1149. La bibliothèque du couvent, malgré maints rebondissements depuis plus de cinq cents ans, a finalement été établie, après la Guerre de Trente ans, dans la nouvelle Salle théologique. Fin du dix-huitième siècle, la Salle philosophique fut ajoutée pour abriter la collection grandissante de la bibliothèque. Ses rayonnages sont notamment recouverts de cartouches en boiseries dorées. La Salle philosophique, de style classique précoce (1797), dissimule un escalier en spirale qui conduit à une galerie permettant d'accéder aux volumes entreposés en hauteur, et donnant sur les majestueuses fresques aux plafonds.

El monasterio premostratense de Strahov se fundó en 1149. Su biblioteca pasó por diversos avatares durante los siguientes quinientos años pero después de la Guerra de los Treinta Años, se trasladó a la nueva Sala Teológica. A finales del siglo XVIII, se añadió la Sala Filosófica para acoger la creciente colección. Las estanterías de la Sala Teológica Barroca están coronadas con cartelas de madera doradas. En la Sala Filosófica Clásica Temprana (1797), unas escaleras en espiral ocultas conducen a una galería que permite acceder a los volúmenes más altos y admirar de cerca el majestuoso fresco.

1074年に設立されたアドモントのベネディクト会修道院は、写本や芸術品の収集と保存を約1000年に渡り行っており、その図書館はオーストリアの重要文化財の1つとなっています。後期バロック調で建築された図書館の装飾様式は設計者であるフーバーの言うところの「精神と同じく、光は部屋を満たすべきだ」とあるように、啓蒙主義の考えから強く影響を受けたものです。

当時80歳を過ぎたバルトロメオ・アルトモンテによる天井のフレスコ画も啓蒙主義からインスピレーションを受けたものであり、またそれとは対照的に、彫刻家のヨーゼフ・スタンメルにより随所に置かれた彫刻には死や最後の審判、天国と地獄の描写が含まれています。

The Admont Benedictine Monastery, founded in 1074, has spent almost one thousand years collecting and preserving manuscripts and artefacts, and its library has become one of Austria's most important cultural properties. The architecture and decor of the late Baroque library were heavily influenced by ideas of the Enlightenment; according to the architect Hueber, 'As with the mind, light should also fill the room.' The ceiling frescoes, by eighty-year-old Bartolomeo Altomonte, are also inspired by the Enlightenment, and in contrast, sculptor Josef Stammel's carvings include depictions of Death, the Last Judgement, Heaven and Hell.

アドモント修道院図書館
Admont Library

アドモント、オーストリア共和国
設計：ヨーゼフ・フーバー、1776年

L'Abbaye bénédictine d'Admont, fondée en 1074, a consacré presque mille ans à recueillir et à préserver des manuscrits et des reliques, raison pour laquelle sa bibliothèque est devenue l'un des patrimoines culturels les plus importants d'Autriche. L'architecture et les décorations de cette bibliothèque du baroque tardif ont été largement influencées par les idées des Lumières ; d'après les paroles de son architecte, Josef Hueber, 'de même que l'esprit, la salle doit être inondée de lumière'. Les fresques des plafonds, réalisées par Bartolomeo Altomonte alors âgé de quatre-vingt ans, ont également été inspirées par les Lumières, et offrent un contraste saisissant avec les sculptures de Josef Stammel qui dépeignent la Mort, le Jugement dernier, le Paradis et l'Enfer.

El monasterio benedictino de Admont, fundado en 1074, se ha dedicado durante casi mil años a recopilar y conservar manuscritos y artefactos, y su biblioteca se ha convertido así en una de las propiedades culturales más importantes de Austria. La arquitectura y la decoración de la biblioteca, de estilo barroco tardío, estaban muy influidas por las ideas de la Ilustración; según el arquitecto Hueber, «A la vez que la mente, la luz debe llenar también la habitación». Los frescos del techo, realizados por el artista de ochenta años Bartolomeo Altomonte, están inspirados igualmente en la Ilustración, y en contraste, las tallas del escultor Josef Stammel incluyen representaciones de la Muerte, el Último Juicio, el Cielo y el Infierno.

アドモント修道院図書館、アドモント、オーストリア共和国

メルク修道院図書館
Melk Monastery Library

メルク、オーストリア共和国
設計：ヤコブ・プランタウアー、1736年

ベネディクト会の修道士たちは1089年からこの地に住み働いており、12世紀には修道院に学校が付け加えられました。その名声と教育水準のおかげでメルク修道院は18世紀後半に発せられた皇帝ヨーゼフ2世による修道院解散政策をまぬがれることができ、ナポレオン戦争や世界大戦もくぐり抜けて存続し、現在でも男女合わせて約900名の弟子を迎え入れています。

　12の部屋から構成された図書館は教会に次ぐ第二位の権威となっており、その事実は室内の贅沢な装飾や、パウル・トロガーが手掛けた信仰と科学の象徴である天井のフレスコ画に反映されています。

Benedictine monks have lived and worked at this site since 1089, and in the twelfth century a school was added to the monastery. Due to its fame and academic stature, Melk managed to escape dissolution under Emperor Joseph II in the late eighteenth century, survived the brunt of the Napoleonic and World Wars, and now its school caters to almost 900 pupils of both sexes. The library comprises twelve rooms, and comes second only to the church in terms of importance, a fact reflected in its opulent decor and the ceiling frescoes by Paul Troger, symbolising Faith and Science.

Los monjes benedictinos llevan viviendo y trabajando en este lugar desde 1089 y, en el siglo XII, se añadió una escuela al monasterio. Debido a su fama y a su importancia académica, Melk logró salvarse de la disolución bajo el emperador José II a finales del siglo XVIII. Sobrevivió además a los desastres de las Guerras napoleónicas y mundiales, y ahora su escuela se ocupa de unos 900 alumnos de ambos sexos. La biblioteca consta de doce salas y solo es superada por la iglesia en términos de importancia, un hecho que se refleja en su opulenta decoración y en los frescos del techo de Paul Troger, que simbolizan la Fe y la Ciencia.

メルク修道院図書館、メルク、オーストリア共和国

L'abbaye est occupée par des moines bénédictins depuis 1089. Une école y fut annexée au douzième siècle. Grâce à sa renommée et à son statut académique, Melk échappa à la fermeture sous l'Empereur Joseph II à la fin du dix-huitième siècle, et survécu aux guerres napoléoniennes ainsi qu'aux guerres mondiales. Son école accueille aujourd'hui près de 900 élèves des deux sexes. Composée de douze salles, la bibliothèque talonne le monastère en termes d'importance, comme l'atteste ses décorations intérieures opulentes et la fresque de son plafond signée Paul Troger, allégorie de la Foi et de la Science.

オーストリア国立図書館
Austrian National Library

ウィーン、オーストリア共和国
設計：ヨハン・ベルンハルト・フィッシャー・フォン・エルラッハ、1726年

　この歴史ある宮廷図書館の始まりは14世紀後半にまで遡ることができ、現時点で書物300万冊を含み合計700万点を超える所蔵物を保管するオーストリア最大の図書館となっています。

　ホーフブルク宮殿内に位置する大聖堂のような建物でもっとも重要なのは、中央のバロック様式の大広間と左右に展開して戦争と平和を象徴する2つの翼廊です。これらはダニエル・グランによる豪華なフレスコ画で飾られており、また中央大広間の丸天井のフレスコ画のモチーフは愛書家の家系であった図書館の創設者ハプスブルク家の歴史と美徳を描くことにより、寓話性と世俗性とを結びつけています。

The beginnings of this former court library go back to the second half of the fourteenth century. It is now the largest library in Austria, with more than 7 million objects, of which approximately 3 million are printed. Situated in the Hofburg Palace, and cathedral-like in its scale, the centrepiece is the Baroque State Hall, which is separated into wings representing War and Peace. These are crowned with lavish frescoes by Daniel Gran, and in the centre, beneath the cupola, a fresco combines allegorical and secular representations of the history and virtues of the library's bibliophile founders, the Habsburgs.

L'origine de cette ancienne bibliothèque de la Cour remonte à la seconde moitié du quatorzième siècle. Elle est aujourd'hui la plus grande bibliothèque d'Autriche, avec plus de 7 millions de pièces, dont près de 3 millions d'ouvrages imprimés. La bibliothèque a été construite dans le Palais Hofburg sur le modèle d'une cathédrale. Sa pièce maîtresse réside dans la salle d'apparat de style baroque, séparée en deux ailes représentant chacune la Guerre et la Paix, et décorées de fresques somptueuses signées Daniel Gran. En son centre, sous la coupole, on peut y admirer une fresque associant des représentations allégoriques et séculières de l'histoire et des vertus des fondateurs bibliophiles de l'édifice, les Habsbourg.

Los inicios de esta antigua biblioteca de la corte se remontan a la segunda mitad del siglo XIV. En la actualidad, es la mayor biblioteca de Austria, con más de siete millones de objetos, de los cuales tres millones aproximadamente están impresos. Situada en el Palacio de Hofburg y con un tamaño similar al de una catedral, su punto fuerte es el Salón de Estado barroco, dividido en dos alas que representan la Guerra y la Paz. Éstas están rematadas por espléndidos frescos de Daniel Gran, y en el centro, bajo la cúpula, un fresco combina representaciones alegóricas y seculares de la historia y las virtudes de los fundadores bibliófilos de la biblioteca, los Habsburgos.

オーストリア国立図書館、ウィーン、オーストリア共和国

オーストリア国立図書館、ウィーン、オーストリア共和国

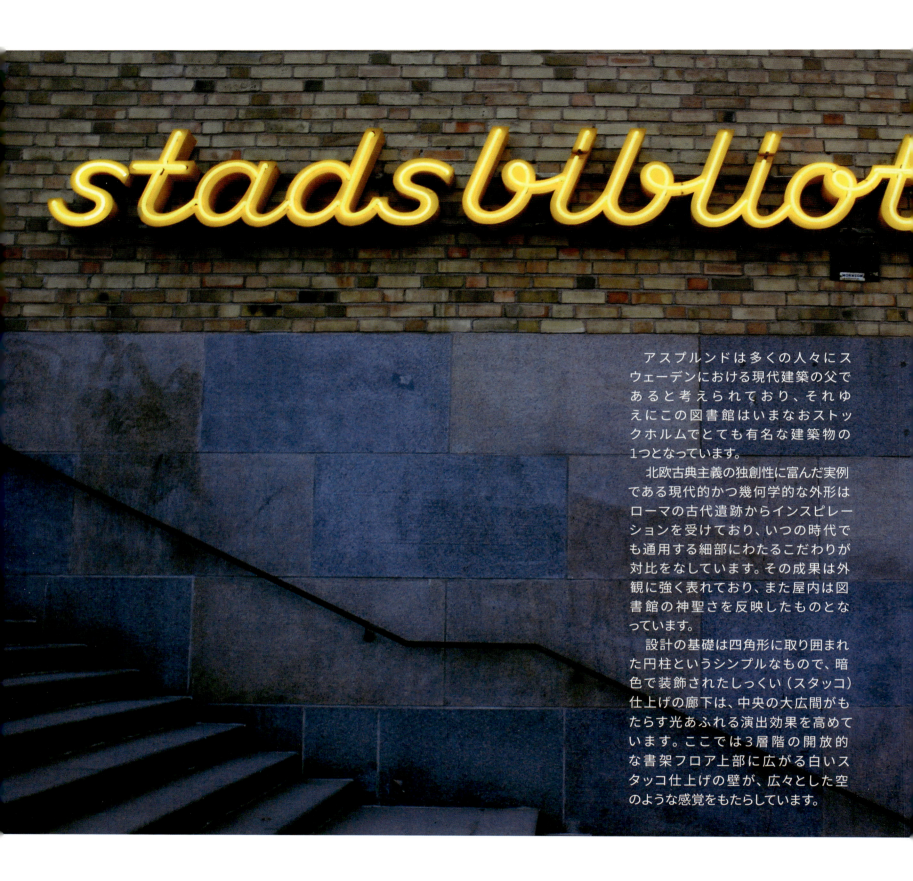

　アスプルンドは多くの人々にスウェーデンにおける現代建築の父であると考えられており、それゆえにこの図書館はいまなおストックホルムでとても有名な建築物の1つとなっています。
　北欧古典主義の独創性に富んだ実例である現代的かつ幾何学的な外形はローマの古代遺跡からインスピレーションを受けており、いつの時代でも通用する細部にわたるこだわりが対比をなしています。その成果は外観に強く表れており、また屋内は図書館の神聖さを反映したものとなっています。
　設計の基礎は四角形に取り囲まれた円柱というシンプルなもので、暗色で装飾されたしっくい（スタッコ）仕上げの廊下は、中央の大広間がもたらす光あふれる演出効果を高めています。ここでは3層階の開放的な書架フロア上部に広がる白いスタッコ仕上げの壁が、広々とした空のような感覚をもたらしています。

ストックホルム市立図書館
Stockholm Public Library

ストックホルム、スウェーデン王国
設計：エーリック・グンナール・アスプルンド、1928年

ストックホルム市立図書館、ストックホルム、スウェーデン王国

Asplund is considered by many to be the father of Swedish modernist architecture, and this library remains one of Stockholm's most famous buildings. A seminal example of Nordic Classicism, the modern geometric shapes contrast with timeless details inspired by Roman antiquity. The result is a strong exterior and an interior which reflects the sanctity of the library. Its core layout is stark – a cylinder surrounded by a square – and dark stucco corridors enhance the impact of the light-filled central rotunda. Here, white stucco walls, over three tiers of open bookshelves, give the sense of an open sky.

Asplund est considéré par beaucoup comme le père de l'architecture moderniste suédoise. Cette bibliothèque demeure l'un des bâtiments les plus emblématiques de Stockholm. Œuvre fondatrice du Classicisme nordique, les formes géométriques modernes de la bibliothèque contrastent avec les détails intemporels inspirés de l'antiquité romaine. Derrière un extérieur imposant, l'intérieur est à l'image du caractère sacré que revêt la bibliothèque. Sa disposition centrale frappe par son austérité, un cylindre entouré d'un carré, alors que les couloirs en stuc sombre contribuent à renforcer l'atmosphère lumineuse que projette la rotonde centrale, dont les murs en stuc blanc parcourus de trois niveaux d'étagères accessibles donnent l'impression d'être à ciel ouvert.

Asplund está considerado por muchos como el padre de la arquitectura modernista sueca y esta biblioteca sigue siendo uno de los edificios más famosos de Estocolmo. Ejemplo fundamental de clasicismo nórdico, las modernas formas geométricas contrastan con los detalles intemporales inspirados en la antigüedad romana. El resultado es un exterior que deja huella y un interior que refleja el carácter sagrado de la biblioteca. Su trazado principal es escueto: un cilindro rodeado por un cuadrado. Los pasillos de estuco oscuro realzan el impacto de la luminosa rotonda central. Aquí, las paredes de estuco claro, sobre tres niveles de estanterías de libros despejadas, dan la impresión de estar a cielo abierto.

Photography Credits

Library of Alexandria
- p. 12 Scanpix/Camera Press
- p. 14 Camera Press
- p. 15 Paul Doyle/Getty Images
- p. 16/7 Hisham Ibrahim/ Getty Images

Russian State Library
- p. 18 Anastasios71/ Shutterstock
- p. 19 kostin77/Shutterstock

King Fahd National Library
- p. 20 Christian Richters
- p. 21 Christian Richters
- p. 22 Christian Richters
- p. 23 Christian Richters

LiYuan Library
- p. 24 Li Xiaodong Atelier
- p. 25 Li Xiaodong Atelier
- p. 26/7 Li Xiaodong Atelier
- p. 28 Li Xiaodong Atelier
- p. 29 Li Xiaodong Atelier

Hachioji Library
- p. 30/1 Edmund Sumner/View/ Artur Images
- p. 32 Edmund Sumner/View/ Artur Images
- p. 33 Edmund Sumner/View/ Artur Images

National Diet Library
- p. 34 Junya Ikeda
- p. 36 Junya Ikeda
- p. 37 Junya Ikeda

Yoshihiro Yonezawa Memorial Library
- p. 38/9 Junya Ikeda
- p. 40 Junya Ikeda
- p. 41 Junya Ikeda

Kyoto International Manga Museum
- p. 42/3 Junya Ikeda
- p. 44/5 Junya Ikeda

State Library of Victoria
- p. 46 Richard Nebesky/ Getty Images
- p. 47 Christopher Groenhout/ Getty Images
- p. 48/9 EschCollection/ Getty Images

Seattle Central Library
- p. 50 Frank Elschner/ Artur Images
- p. 51 Frank Elschner/ Artur Images
- p. 52/3 Frank Elschner/ Artur Images

José Vasconcelos Library
- p. 54 Ed Reeve/View/ Artur Images
- p. 55 Ed Reeve/View/ Artur Images
- p. 56/7 Ed Reeve/View/ Artur Images

Library of Congress
- p. 58 Oleg Albinsky/ Getty Images
- p. 59 Camera Press
- p. 60/1 Laif/Camera Press

George Peabody Library
- p. 62 Panoramic Images/ Getty Images
- p. 63 Greg Pease/Getty Images
- p. 64/5 Michael Saft

Biblioteca España
- p. 66 Biblioteca España
- p. 67 John Coletti/Getty Images
- p. 68 Biblioteca España
- p. 69 Biblioteca España
- p. 70/1 Miple Kim

New York Public Library
- p. 72/3 Julia Cawley/ Artur Images
- p. 74 Reinhard Görner/ Artur Images
- p. 75 Phil Evans
- p. 76/7 Reinhard Görner/ Artur Images

Royal Portuguese Reading Room
- p. 78 Ruy Barbosa Pinto/ Getty Images
- p. 79 Laif/Camera Press
- p. 80/1 Edu Mendes

TEA Tenerife Arts Space
- p. 82 Hufton + Crow/View/ Artur Images
- p. 83 Inigo Bujedo Aguirre/ View/Artur Images
- p. 84 Hufton + Crow/View/ Artur Images
- p. 85 Hufton + Crow/View/ Artur Images

Joanina Library
- p. 86 Paul Mazumdar
- p. 87 Hemis/Alamy

National Library of Ireland
- p. 88 IIC/Axiom/Getty Images
- p. 89 National Library of Ireland
- p. 90/1 Semmick Photo/ Shutterstock.com

Trinity College Library
- p. 92 Ingram Publishing/ Getty Images
- p. 93 Stefano Scata/ Getty Images
- p. 94 Doug McKinlay/ Getty Images
- p. 95 Mark Colliton

Glasgow School of Art Library
- p. 96 Laif/Camera Press
- p. 97 Chris Close/Getty Images

Library of El Escorial
- p. 98/9 Photo by cuellar/ Getty Images
- p. 100 Laif/Camera Press
- p. 101 Arturo R. Montesinos

Sir Duncan Rice Library
- p. 102 Adam Mørk
- p. 103 Adam Mørk
- p. 104 Adam Mørk
- p. 105 Adam Mørk
- p. 106/7 Adam Mørk

Library of Birmingham
- p. 108 Christian Richters
- p. 109 Christian Richters

British Library
- p. 110 Peter Barritt/Getty Images
- p. 111 British Library/Robana/ Getty Images

Peckham Library and Media Centre
- p. 112/3 Richard Glover/View/ Artur Images
- p. 114 Richard Glover/View/ Artur Images
- p. 115 James Morris/View/ Artur Images
- p. 116/7 James Morris/View/ Artur Images

Sainte-Geneviève Library
- p. 118 Laif/Camera Press
- p. 119 Yvonne Martejevs
- p. 120/1 Paula Soler-Moya

Dipòsit de les Aigües Library
- p. 122 Simón García
- p. 123 Simón García
- p. 124/5 Simón García
- p. 125 Simón García

Book Mountain
- p. 126 Jeroen Musch
- p. 127 Jeroen Musch
- p. 128/9 Jeroen Musch

TU Delft Library
- p. 130/1 M. Sleeuwits/TU Delft
- p. 132 TU Delft
- p. 133 View Pictures/ Getty Images
- p. 134/5 J. van der Heul/TU Delft

John a Lasco Library
- p. 136 Tomas Riehle/ Artur Images
- p. 137 Tomas Riehle/ Artur Images
- p. 138/9 Tomas Riehle/ Artur Images

Vennesla Library and Culture House
- p. 140/1 Hufton + Crow/View/ Artur Images
- p. 142 Hufton + Crow/View/ Artur Images
- p. 143 Hufton + Crow/View/ Artur Images

Library of the Faculty of Law, University of Zurich
- p. 144 Monika Nikolic/ Artur Images
- p. 145 Monika Nikolic/ Artur Images
- p. 146 Monika Nikolic/ Artur Images
- p. 147 Monika Nikolic/ Artur Images

Stuttgart City Library
- p. 148 Axel Hausberg/ Artur Images
- p. 149 Axel Hausberg/ Artur Images
- p. 150/1 Axel Hausberg/ Artur Images

Abbey Library of St Gall
- p. 152 Stiftsbibliothek St Gallen
- p. 153 Stiftsbibliothek St Gallen
- p. 154/5 Stiftsbibliothek St Gallen

Laurentian Library
- p. 156 Firenze, Biblioteca Medicea Laurenziana, Settore Monumentale ... Su concessione del Ministero per i Beni e le Attività Culturali. E'vietata ogni ulteriore riproduzione con qualsiasi mezzo.
- p. 157 Firenze, Biblioteca Medicea Laurenziana, Settore Monumentale ... Su concessione del Ministero per i Beni e le Attività Culturali. E'vietata ogni ulteriore riproduzione con qualsiasi mezzo.

Duchess Anna Amalia Library
- p. 158/9 Gerhard Hagen/ Artur Images
- p. 160 Werner Huthmacher/ Artur Images
- p. 161 Werner Huthmacher/ Artur Images

Luckenwalde Library
- p. 162 Thomas Lewandovski
- p. 163 Thomas Lewandovski

The Black Diamond, Royal Library of Denmark
- p. 164/5 Ralph Richter
- p. 166 Adam Mørk
- p. 167 Adam Mørk
- p. 168 Jørgen True
- p. 169 Jørgen True

Halmstad City Library
- p. 170/1 Adam Mørk
- p. 172 Adam Mørk
- p. 173 Adam Mørk

Jacob and Wilhelm Grimm Centre
- p. 174/5 Thomas Lewandovski
- p. 175 Thomas Lewandovski
- p. 176/7 Thomas Lewandovski

Philological Library
- p. 178 Benjamin Antony Monn/ Artur Images
- p. 179 Reinhard Görner/ Artur Images
- p. 180/1 Reinhard Görner/ Artur Images

Strahov Monastery Library
- p. 182 Gamma-Rapho
- p. 183 Gamma-Rapho
- p. 184/5 Bango/Shutterstock.com

Admont Library
- p. 186 Lasting Images/ Getty Images
- p. 187 Lasting Images/ Getty Images
- p. 188/9 Imagno/ Getty Images

Melk Monastery Library
- p. 190 Danita Delimont/ Getty Images
- p. 191 Laif/Camera Press
- p. 192 Danita Delimont/ Getty Images
- p. 193 Danita Delimont/ Getty Images

Austrian National Library
- p. 194/5 Sylvain Sonnet/ Getty Images
- p. 196 Laif/Camera Press
- p. 197 Laif/Camera Press
- p. 198/9 Andy Christiani/ Getty Images

Stockholm Public Library
- p. 200/1 Fredrik Andersson
- p. 201 Olle Norberg
- p. 202 Klaus Frahm/Artur Images

21世紀ガイド図鑑　世界の図書館

発行日　2016年10月31日 初版第1刷発行

著者	ビャーネ・ハマー
発行人	高橋信幸
発行元	株式会社ほるぷ出版 〒101-0061　東京都千代田区三崎町3-8-5 Tel　03-3556-3991　FAX　03-3556-3992 http://www.holp-pub.co.jp
監修	逸村裕 (筑波大学 大学院図書館情報メディア研究科 教授)
日本語版制作	丸田剛司 茅根駿　下鳥怜奈　比嘉セリーナ
編集協力	佐々木優　福田京子　彼島瑞生　中村美咲 (筑波大学図書館情報メディア研究科、情報学群) 小峯隆生 (筑波大学非常勤講師)
日本版撮影	池田旬也 (国立国会図書館、京都国際マンガ ミュージアム、米沢嘉博記念図書館)
翻訳協力	日本映像翻訳アカデミー® 藤田奈緒 (チームデスク)

Printed in Malta.

ISBN978-4-593-58738-4　NDC010
208P　25.5×33.5×2.3cm

無断転載・複写を禁じます。定価はカバーに表示してあります。
落丁・乱丁のある場合はお取り替えいたします。

Libraries
by Bjarne Hammer

Copyright © ROADS Publishing, 149 Lower Baggot Street, Dublin 2, Ireland. All rights reserved. No part of this original book may be used or reproduced without the written permission of the publisher.
©HOLP SHUPPAN 2016. All rights reserved.
No translated and/or added part in the Japanese edition of this book may be used or reproduced without the written permission of the publisher.

《カバー写真クレジット》
表紙上段：
北京市籬苑書屋 (中華人民共和国)
© Li Xiaodong Atelier
表紙下段：
ダブリン市トリニティカレッジ図書館 (アイルランド)
© Mark Colliton
裏表紙：
ダブリン市トリニティカレッジ図書館 (アイルランド)
© Ingram Publishing / Getty Images

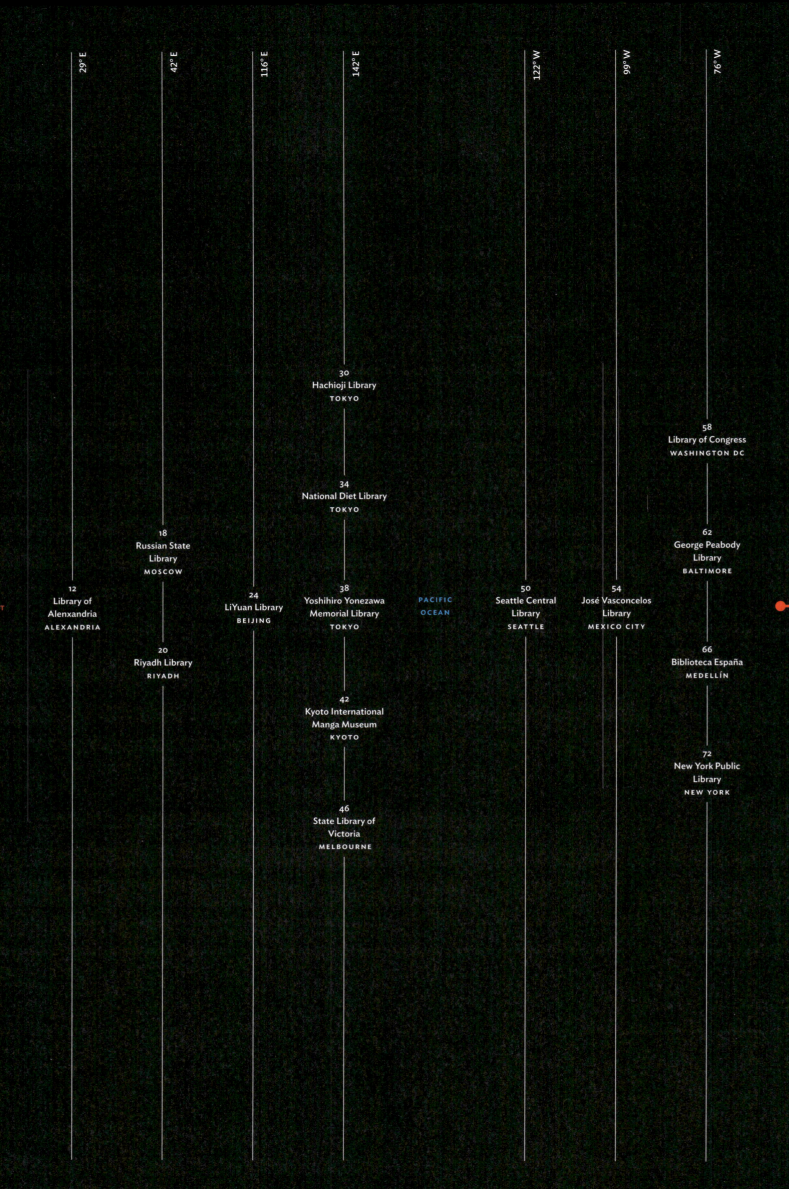